탈무드가 말하는
인간

탈무드가 말하는 **인간**

초판 1쇄 인쇄 2025년 5월 05일
초판 1쇄 발행 2025년 5월 10일

강의자 　 변순복
구성·편집 　 김정희
펴낸이 　 김정희

펴낸곳 　 하임(the 하임)
등록일 　 2017년 9월 14일
등록번호 　 816 - 91 - 00330
주소 　 서울시 마포구 성암로5길 12 101동 1301호
전화 　 02 - 307 - 1007
팩스 　 02 - 307 - 1009
이메일 　 chaim1007@hanmail.net

디자인 　 하연디자인
표지디자인 　 유영열

표지이미지(Shutter stock)
본문 이미지(Shutter stock)

ISBN 979 - 11 - 987409 - 8 - 4

* 책 값은 뒤표지에 있습니다.
* 잘못된 책은 교환하여 드립니다.

이 책의 저작권은 하임(THE 하임)출판사에 있습니다. 신 저작권법에 의해 국내에서 보호를 받는 저작물이므로 무단 전재와 무단복제를 금합니다.

탈무드가 말하는
인간

Human

강의자 **변순복**
구성·편집 **김정희**

"인간은 하나님의 형상으로 창조된
도덕적 존재이며, 끊임없이 선택하고
성장하도록 부름받은 존재다"

차 례

서문/6
강의자의 글/10
감사의 글/14

제1장
인간존재의 본질 ─────────────── 19

제2장
영혼의 본질 ──────────────── 39

제3장
신앙과 기도 ──────────────── 47

제4장
선과 악의 갈등 ─────────────── 65

제5장
자유의지 ──────────────── 75

제6장
죄와 인간의 한계 ─────────────── 81

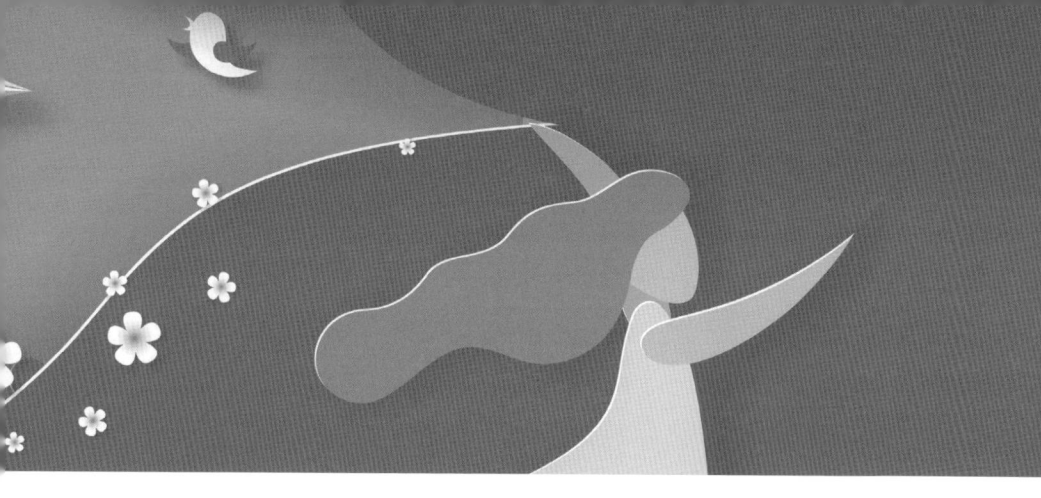

제7장
회개와 속죄 —————————————— 101

제8장
보상과 형벌 —————————————— 115

제9장
탈무드가 가르치는 인생 ———————————— 135

제10장
탈무드가 가르치는 인생 여정 ——————————— 159

제11장
탈무드가 가르치는 인간 존엄성 —————————— 189

탈무드 약어표 /216

서 문

"인간이란 무엇인가?"라는 질문은 고대부터 현대까지 이어져 온 가장 근본적이고 중요한 물음입니다. 인간의 본질, 존재의 의미, 그리고 삶의 목적에 대한 탐구는 철학과 종교, 윤리학의 중심에 자리 잡고 있으며, 유대 전통의 지혜를 담은 탈무드는 이 질문에 대한 독창적이고 깊이 있는 통찰을 제공합니다.

이 책은 "탈무드가 가르치는 인간"이란 주제로 학교와 연구소에서 진행한 강의의 내용을 바탕으로, 인간의 본질과 삶의 여정을 탐구하고자 집필되었습니다.

탈무드는 단순한 종교적 경전을 넘어, 인간의 내면과 외면, 그리고 사회적 관계에 이르기까지 인간 삶의 모든 측면을 포괄적으로 다루는 방대한 지혜의 보고(寶庫)입니다. 이 책을 통하여 탈무드의 가르침 속에서 인간 존재의 본질, 삶의 의미, 그리고 인간다움에 대한 통찰을 체계적으로 정리하여 독자들에게 제공하고자 합니다.

책의 구성은 다음과 같이 인간에 대한 탈무드의 가르침을 중심으로 11개의 주제로 나뉘어 있습니다.

1. 인간존재의 본질

인간은 어떤 존재인가? 인간의 창조와 그 가치는 무엇인가? 탈무드는 인간의 독특성과 존엄성을 깊이 있게 조명합니다.

2. 영혼의 본질

탈무드는 영혼을 인간의 내면적 본질로 설명하며, 영혼과 육체의 상호작용, 그리고 영혼의 영원성을 탐구합니다.

3. 신앙과 기도

신앙은 인간의 삶을 어떻게 형성하며, 기도가 인간이 신과 소통하는 도구로서 어떤 역할을 하는가를 살펴봅니다.

4. 선과 악의 갈등

인간 내면의 두 충동(이중적 본성), 즉 선한 충동(הַטּוֹב יֵצֶר)과 악한 충동(הָרַע יֵצֶר)에 대한 탈무드의 분석과 갈등 극복 방안을 다룹니다.

5. 자유의지

인간이 선택의 자유를 통해 삶의 방향을 결정할 수 있는 존재라는 점에서 자유의지와 책임의 관계를 논의합니다.

6. 죄와 인간의 한계

인간의 도덕적 약점과 죄의 본질, 그리고 이를 극복하기 위한 방법들을 탈무드의 가르침 속에서 탐구합니다.

7. 회개와 속죄

인간이 죄를 고백하고 속죄를 통해 새로워질 수 있는 과정을 조명하며, 회개의 의미를 심도 있게 다룹니다.

8. 보상과 형벌

인간의 행위가 가져오는 결과와 공의로운 심판의 원리를 탈무드의 시각에서 다룹니다.

9. 탈무드가 가르치는 인생

탈무드는 단순한 윤리적 규범을 넘어, 인생을 살아가는데 필요한 지혜와 통찰을 제시합니다. 삶의 방향성과 목적을 설정하는 데 필요한 가르침을 제공합니다.

10. 탈무드가 가르치는 인생 여정

임신부터 무덤까지 이어지는 인간의 생애 전 과정을 탈무드의 관점에서 탐구하며, 각 단계에서 인간이 마주하는 도전과 성장의 기회를 설명합니다.

11. 탈무드가 가르치는 인간의 존엄성

탈무드는 모든 인간이 하나님의 형상대로 창조되었다는 점에서 인간의 존엄성과 권리를 강조합니다. 이를 통해 인간다움의 본질을 다시 정의하고, 사회적 책임과 관계 속에서 인간이 추구해야 할 가치를 제시합니다.

이 책은 단순히 탈무드의 내용을 소개하는데 그치지 않습니다. 각 주제는 탈무드의 심오한 지혜를 현대적 시각에서 재조명하며, 오늘날 우리 삶에 적용할 수 있는 실질적 교훈과 통찰을 제공합니다. 또한, 복잡한 탈무드의 논의 속에서도 독자들이 쉽게 이해할 수 있도록 명료하고 체계적으로 구성되었습니다.

특히, 이 책은 인간의 내면적 성찰과 삶의 실천적 방향성을 제시하기 위해 기획되었습니다. 탈무드는 우리에게 인간의 한계를 직면하게 하고, 그 한계를 넘어 더 높은 이상을 향해 나아가도록 도전합니다. 이 과정에서 우리는 자신이 누구인지를 깨닫고, 삶의 목적과 의미를 재발견할 수 있습니다.

탈무드의 지혜는 단지 과거의 산물이 아닙니다. 그것은 오늘날에도 우리 삶 속에서 여전히 살아 있는 통찰과 지혜를 제공합니다. 이 책을 통해 탈무드가 제시하는 인간에 대한 가르침이 독자 여러분의 삶에 깊은 울림과 변화를 가져오기를 기원합니다.

변순복 Ph. D., Th. D.

강의자의 글

본서는 탈무드와 성경에 기초하여 인간 존재와 신앙, 그리고 인생 여정을 탐구하는 놀라운 작품입니다. 이 책은 제가 학교에서 강의한 내용과 연구소 세미나에서 강의한 내용을 바탕으로 구성되었습니다.

구성 편집자 김정희 선교사는 지난 15여년 넘는 시간 저와 함께 성경과 탈무드의 지혜를 깊이 연구하며, 제가 강의에서 전한 내용을 바탕으로 이 책을 체계적으로 구성하고 편집하여 완성했습니다. 강의는 제가, 책의 구성과 편집은 김 선교사가 담당하여 한층 더 풍성하고 정돈된 결과물이 탄생하게 되었습니다.

본서는 인간의 본질을 "인간 존재의 본질"이라는 주제를 시작으로 탐구하며, 영혼, 신앙과 기도, 선과 악의 두 가지 갈등, 자유 의지, 죄와 인간의 한계, 회개와 속죄, 그리고 보상과 형벌에 이르기까지 심도 있게 다루고 있습니다.

특히, 탈무드가 가르치는 인생과 탈무드가 가르치는 인생의 여정을 구체화하여, 인간의 삶을 하나님의 계획 안에서 조망하는 풍성한 내용을 담고 있습니다. 탈무드는 우리 삶의 각 단계를 신앙과 지혜의 렌즈를 통해 이해하도록 돕는 귀한 자료이며, 본서는 이를 성경의 메시지와 연결하여 더욱 의미 있게 제시합니다. 본서는 단순히 학문적 연구를 넘어, 신앙인들에게 삶의 의미를 묻고, 하나님 앞에서 자신을 돌아볼 기회를 제공합니다. 특히, 탈무드의 가르침과 성경의 진리가 어떻게 서로 연결되어 우리에게 삶의 지혜를 제공하는지 보여주는 방식은 매우 탁월합니다. 독자들은 이 책을 통해 자신의 신앙적 여정을 더욱 깊이 이해하고, 하나님의 은혜와 공의를 새롭게 경험하게 될 것입니다.

편집자의 개인적 배경 또한 이 책의 메시지를 더욱 특별하게 만듭니다. 편집자는 교회 장로로 섬기는 남편과 함께 결혼 적령기에 이른 자녀를 둔 가정주부이자 직업 여성으로서, 여러 역할을 균형 있게 감당하며 신앙적 삶을 살아가고 있습니다.

이러한 삶의 경험은 김 선교사가 이 책에서 다룬 주제들, 예를 들어 "자유의지와 책임," "죄와 회개의 필요성," "보상과 형벌의 공의" 등을 더욱 현실적이고 깊이 있게 접근할 수 있게 하였습니다. 그녀는 신앙적 열정과 지적 호기심을 바탕으로, 바쁜 일상 속에서도 연구와 저술에 매진하여 박사학위를 취득하였습니다. 그 헌신과 성취는 독자들에게 도전과 감동을 동시에 선사할 것입니다.

끝으로, 제 강의 내용을 토대로 이 책을 훌륭히 구성하고 편집해 낸 제자 김정희 선교사의 헌신과 열정에 깊이 감사드립니다. 오랜 시간 동안 그녀는 저의 학문 연구와 신앙적 여정에 동행하며 강의 내용을 책으로 구성 편집하여 귀한 도서를 출판하게 된 것은 제게도 큰 기쁨과 은혜였습니다.

본서가 출간되어 더 많은 독자들에게 영적 성장을 도모하며 천국을 향하여 걸어가는 나그네 인생에서 하나님이 기뻐하시는 올바른 신앙적 삶의 여정에 조금이나 도움이 되기를 바랍니다. 그리고 앞으로 계속하여 성경과 탈무드를 연구하는 독자들에 작은 도움이 되었으면 합니다.

강의자
변순복 Ph. D., Th. D.

감사의 글

　우리는 흔히 "먼저 인간이 되어라"라는 말을 합니다 그 말은 무엇을 의미하는 것일까요? 도덕적으로 세상적으로 선하고 정의롭게 올바르게 살아라라는 말일 것입니다. 더 나아가 하나님을 믿고 살아가는 하나님의 자녀들은 하나님의 자녀답게, 성도답게 살아야 하는 말도 될 것입니다. 그렇다면 하나님의 자녀답게 산다는 것은 무엇일까요?

　이 책은 "탈무드가 가르치는 인간"이란 주제로 학교와 연구소에서 진행한 구약성경과 탈무드의 대가이신 변순복 교수님의 강의를 바탕으로 인간의 본질과 삶의 여정을 탐구하고자 집필하신 것을 재구성하고 편집한 내용으로, 탈무드가 말하고자 하는 인간 존재의 본질과 하나님의 형상으로 지음받은 인간이 어떻게 삶을 살아가야 하는지에 대한 삶의 의미와 인생의 과정에 대해 자세하게 설명하고 있습니다.

　이 책에서 인간은 다른 피조물보다 뛰어나고, 창조 사역의 핵심이며, 하나님의 형상을 따라 창조되었다는 것이 인간에 대한 랍비들의 기본적인 교리입니다. 또한 인간 창조의 목적은 우주만물의 창조주를 영화롭게 할 기회를 주기 위함이라고 그들은 가르칩니다.

인간이 하나님의 형상대로 지음받고 그분의 영광을 받은 존재라면, 인간은 창조주의 인정을 받을 수 있도록 살아야 하는 마땅한 의무가 있으며, 영적 자질로 인한 하나님과 인간의 관계는 이 천상의 선물에 합당함을 증명해야 할 책임을 인간에게 부여합니다.

현자들은 성경과 이스라엘의 영웅들의 삶에서 신앙이 구별되는 특징임을 지적하며, 이 신앙으로 인해 그들이 하나님의 특별한 은총을 받을 자격이 있고, 이 신앙의 보상으로 성령이 그들 위에 임하여 그들이 노래하게 되었다고 말합니다.

이 신앙의 진정한 표현을 유대인들은 기도라는 행위에서 찾습니다. 기도는 하나님과의 교제를 누리고 인간 본성에서 가장 순수하고 고귀한 것을 발전시키는 도구로 여겼으며, 기도의 행위는 영혼의 힘을 증가시켜 그것이 삶의 지배적인 힘이 되고 육체를 다스리게 하기 위한 영적 훈련이라고 말합니다.

탈무드는 인생을 단순히 시작과 끝이 있는 여정으로 보지 않고, 지속적인 배움과 도덕적·영적 성장의 과정으로 봅니다. 삶의 여정은 하나님과의 관계, 타인과의 관계, 그리고 자기 자신과의 관계 속에서 끊임없이 완성되어 가는 과정으로 이를 통해 삶은 단순한 생물학적 과정이 아니라, 하나님의 뜻을 이루는 성스러운 여정이 됩니다.

유대교 인생 여정의 모든 단계는 히브리어 성경과 탈무드적 전통에 깊이 뿌리를 두고 있으며, 하나님의 뜻과 인간의 영적 성장에 따라 구조화되어 있습니다. 이러한 단계는 단순한 생물학적 변화가 아니라, 하나님과 공동체 앞에서 이루어지는 거룩한 삶의 연속입니다.

탈무드는 인간을 단순히 육체적 존재로 보지 않고, 영적, 도덕적, 사회적, 지적 책임을 가진 존재로 이해합니다. 이 가르침은 인간의 삶이 공동체, 하나님, 그리고 자기 자신과의 관계 속에서 온전히 완성된다고 강조하며, 토라와 계명을 통해 그 길을 제시합니다.

우리는 '현재 내가 살아 있다는 것은 하나님이 지금 나에게 주신 위대한 선물이라는 것'을 알아야 합니다. 우리는 유한한 삶 속에서 영원한 가치를 창출하고, 이를 통해 세상과 다음 세대에 선한 영향을 미칠 수 있는 삶을 살아가도록 노력해야 할 것입니다.

이 책이 세상에 나올 수 있도록 연약하고 부족해도, 항상 격려해주시고, 믿어주시며, 이끌어 주시고, 기도해주시며, 이렇게 귀한 책을 재구성하여 편집할 수 있도록 기회를 주신 변순복 교수님께 마음을 다하여 진심으로 감사의 말씀을 전합니다

또한 항상 변함없이 사랑해 주고 믿어주며 하는 모든 일에 온 마음과 정성을 다해 기도하며 섬겨주는 든든한 남편 김경수 장로님과 사랑하는 딸 영현, 아들 정한 그리고 사위 선용에게도 항상 고맙고, 감사하고, 사랑한다는 말 전합니다

제가 귀한 사역을 할 수 있도록 에쯔하임 유니버시티에 선교사로 파송해 주시고 계속하여 기도해 주시며 격려해 주시는 친구들 교회 정관창 목사님과 에쯔하임 채플 고현규 목사님과 황복란 사모님, 에쯔하임 채플 모든 성도님들께 감사드립니다. 그리고 교정으로 밤새우시며 애쓰시고 수고해주신 변정숙 사모님과 항상 재촉하는 시간에도 묵묵히 교정을 보아주시는 든든한 김현진

전도사님과 황지현 선생님, 꼼꼼하게 오타를 찾아주시는 최유진 장로님과 이정화 선교사님, 최선을 다해 교정 교열 해주신 김경수 장로님 그리고 어느 때이든 무엇이든 순종함과 기쁨으로 디자인해 주시는 유영열 장로님과 마음 다해 디자인하고 편집하여 주신 하연 디자인 노연아 대표님께 진심을 다해 감사의 인사를 드립니다. 고맙습니다. 감사합니다. 여러분의 수고로움이 사람을 기쁘게 하고, 하나님을 기쁘게 하며, 하나님의 나라에 큰 영광이 되기를 소망합니다.

구성, 편집자
김정희 Th.D.

제1장

인간존재의 본질

제1장

인간존재의 본질

하나님의 형상대로 창조된 인간

(창세기 1장 26-28절)
26 하나님이 이르시되 우리의 형상을 따라 우리의 모양대로 우리가 사람을 만들고 그들로 바다의 물고기와 하늘의 새와 가축과 온 땅과 땅에 기는 모든 것을 다스리게 하자 하시고
27 하나님이 자기 형상 곧 하나님의 형상대로 사람을 창조하시되 남자와 여자를 창조하시고
28 하나님이 그들에게 복을 주시며 하나님이 그들에게 이르시되 생육하고 번성하여 땅에 충만하라, 땅을 정복하라, 바다의 물고기와 하늘의 새와 땅에 움직이는 모든 생물을 다스리라 하시니라

인간이 하나님의 형상대로 창조되었다는 것은 인간에 대한 랍비들의 가르침의 기본교리입니다. 이러한 점은 인간이 다른 모든 피조물보다 뛰어나며, 창조 사역의 정점이다는 것을 가르쳐줍니다.

인간은 하나님의 사랑을 받는 존재입니다. 왜냐하면 인간은 하나님의 형상대로 지음 받았기 때문입니다. 그리고 그 자신이 하나님의 형상대로 창조되었다는 것을 알게 된 것 또한 하나님의 특별한 사랑으로 인한 것입니다. 성경은 "하나님이 자신의 형상대로 사람을 지으셨기 때문이다"(창 9:6)라고 가르치고 있기 때문입니다(Abo. 3:18).

이 사실은 우주의 질서 속에서 인간에게 최고의 중요성을 부여한 것입니다. "한 사람은 전체 창조와 동등하다"(Aboth d' Rabbi Nathan 31장). 또한, "인간이 처음에 한 개인으로 창조된 것은, 한 생명을 파괴하는 자는 성경이 그에게 전 세계를 파괴한 것과 같이 여기며, 한 생명을 구하는 자는 성경이 그에게 전 세계를 구한 것과 같이 여긴다는 교훈을 가르치기 위함이었습니다"(Sanh. 4:5).

더욱이 인간이 하나님의 형상과 모습을 따라 지음받았기 때문에, 그들은 서로서로의 관계를 맺을 때 항상 이 사실을 명심해야 합니다. 인간에 대한 모욕은 곧 하나님에 대한 모욕이라는 가르침입니다.

랍비 아키바(R. Akiba)는 "네 이웃을 네 자신과 같이 사랑하라"(레 19:18)는 말씀이 토라의 중요한 기본 원칙이라고 선언하며, 이를 통해 다음과 같은 교훈을 가르쳤습니다. "내가 멸시받았으니 내 이웃도 멸시받게 하자, 내가 저주받았으니 내 이웃도 저주받게 하자고 말하지 마십시오."

랍비 탄후마(R. Tanchuma)는 말하기를, "만약 네가 이렇게 행동한다면, 너는 누구를 멸시하는지 알아야 한다. 이는 하나님께서 그분의 형상대로 사람을 지으셨기 때문입니다"(Gen. Rabb. 24:7).

랍비들은 인간과 하나님의 친족 관계를 강조하면서도, 동시에 그들을 구분하는 구별 점을 똑같이 강조하였습니다. 인간의 일부가 신성하다면, 다른 부분은 세속적이라는 가르침입니다.

"하늘로부터 형성된 모든 피조물은 그들의 영혼과 육체 모두가 하늘로부터 왔고, 땅으로부터 형성된 모든 피조물은 그들의 영혼과 육체 모두가 땅으로부터 왔습니다. 단, 인간은 예외로, 그의 영혼은 하늘로부터, 육체는 땅으로부터 왔습니다."

성경을 따르고 하늘에 계신 아버지의 뜻을 따라 행하는 자는 하늘로부터 온 위의 피조물(천사)과 같다고 기록되어 있습니다.

"내가 말하기를 너희는 신들이며 다 지존자의 아들들이라 하였으나"(시 82:6).

그러나 성경을 따르지 않고 하늘에 계신 아버지의 뜻을 따라 행하지 않는 자는 땅으로부터 온 아래의 피조물(동물)과 같다고 기록되어 있습니다.

"그러나 너희는 사람처럼 죽으리라"(시 82:7, Sifre Deut. 306;132a).

인간의 이러한 이중적 본성은 다른 방식으로도 설명됩니다.

"인간은 네 가지 면에서 위의 피조물(천사)을 닮았고, 네 가지 면에서 아래의 피조물(동물)을 닮았습니다. 동물처럼 먹고 마시며, 종족을 번식하고, 배설하며 죽습니다. 섬기는 천사들처럼 똑바로 서고, 말하며, 지성을 가지고 볼 수 있습니다"(A.Z. 3b).

인간 창조의 목적

인간 창조의 목적은 우주 만물의 창조주를 영화롭게 할 기회를 주기 위함이었다고 가르칩니다. 세상이 형성된 처음부터, 찬양은 오직 물로부터만 거룩하신 분, 복되신 그분께 올라갔습니다.

"많은 물 소리와 바다의 강한 파도 소리보다 크니이다"(시 93:4).

"높이 계신 여호와는 강하시다. 거룩하신 분, 복되신 그분께서 말씀하시기를, 입도 말씀도 없는 이것들이 나를 이렇게 찬양한다면, 내가 인간을 창조할 때는 얼마나 더 찬양받게 될 것인가!"(Gen. Rabb. 5:1)

따라서 인간의 생명은 그러한 관점에서 해석되고 영위되어야 한다고 강조합니다. "죽은 자들은 여호와를 찬양하지 못하리니"(시 115:17). 이 말씀은 인간의 도덕적 의미를 지적하는 것으로 설명되었습니다.

"사람은 죽기 전에 항상 성경 말씀과 계명으로 자신을 채워야 합니다. 왜냐하면 죽으면 성경 말씀과 계명으로부터 면제되고, 거룩하신 분, 복되신 그분은 그로부터 찬양을 받을 수 없기 때문입니다"(Sheb. 30a).

물질적 소유를 위해 자신의 시간과 흙으로 지어진 자신의 몸을 소비하는 것은 무의미하다고 가르칩니다. 왜냐하면 그러한 종류의 부는 일시적인 가치만을 지니기 때문입니다.

이 진리는 이솝 우화에 나오는 비유로 설명할 수도 있습니다. 이는 사방이 울타리로 둘러싸인 포도원을 발견한 여우와 같습니다. 포도원에는 단 하나의 구멍이 있었고, 그 구멍으로 들어가고 싶었지만 들어갈 수 없었습니다. 여우는 어떻게 했을까요? 여우는 3일 동안 단식하여 자신의 몸을 매우 마르게 한 후 구멍을 통과하여 들어갔습니다. 여우는 그곳에서 잔치를 벌이고 당연히 다시 살이 쪘습니다. 포도원을 다시 나가고 싶을 때 여우는 그 구멍을 통과할 수 없었습니다. 그래서 여우는 다시 3일 동안 단식하여 마른 후에 포도원을 나갔습니다. 여우는 포도원 밖에 나와서 뒤돌아보며 외쳤습니다. "오 포도원이여! 네가 나에게 무슨 소용이 있었느냐? 네 열매들이 무슨 소용이 있느냐? 안에 있는 모든 것이 아름답고 칭찬할 만하지만, 너로부터 얻은 이익이 무엇이냐?"

사람이 세상에 태어날 때와 떠날 때도 이와 비슷한 모습을 보입니다. 사람이 세상에 태어날 때는 마치 "모든 것이 내 것입니다. 나는 모든 것을 상속받을 것입니다"라고 외치며 주먹을 꽉 쥐고 태어납니다. 그러나 세상을 떠날 때는 마치 "나는 세상에서 아무것도 얻지 못했습니다"라고 고백하듯 손을 펴고 떠나는 모습으로 마무리됩니다(Ecc. Rabb. 5:14).

진정한 축적의 가치

사람이 일생동안 진정으로 얻고 축적해야 할 것은 '가치 있는 행동'이라는 보물 창고를 채우는 것입니다. 그러한 보물은 죽음 이후에도 그 가치를 잃지 않습니다. 사람이 세상을 떠날 때 은이나 금, 보석이나 진주는 그를 따르지 않지만, 오직 토라와 선행만이 그를 따릅니다. 잠언을 보면 이런 말씀이 있습니다.

"네가 걸을 때 너를 인도하며, 네가 누울 때 너를 지키며, 네가 깰 때 너와 이야기하리라"(잠 6:22).

이 말씀은, "이 세상에서는 인도하며, 무덤에서는 지키며, 내세에서는 함께 이야기한다"(Abo. 6:9)는 의미입니다.

기원후 1세기에 유대교로 개종한 아디아베네(Adiabene)의 왕 모노바주스(Monobazus)에 관한 이야기가 전해집니다. 기근이 들었을 때, 그는 자신의 모든 재산을 가난한 사람들에게 나누어 주었습니다. 이에 친척들이 그의 행동을 비난하며 재산을 낭비한다고 말했지만, 그는 다음과 같이 대답하였습니다.

"내 선조들은 아래를 위해 보물을 쌓았지만, 저는 위를 위해 보물을 쌓았습니다. 그들은 힘이 닿는 곳에 보물을 저장했지만, 저는 힘이 닿지 않는 곳에 보물을 저장했습니다. 그들의 보물은 열매를 맺지 못했지만, 저의 보물은 생산적일 것입니다. 그들은 돈의 보물을 쌓았지만, 저는 영혼의 보물을 쌓았습니다. 그들은 다른 이들을 위해 보물을 쌓았지만, 저는 저 자신을 위해 보물을 쌓았습니다. 그들은 이 세상에 보물을 쌓았지만, 저는 내세를 위해 보물을 쌓았습니다"(Tosefta Peah 4:18).

삶의 유한성과 행동의 촉구

"인간은 오늘 여기 있다가 내일이면 사라집니다"(Sanh. 23d)라는 가르침은 사람들에게 시간을 낭비하지 말고 매 순간을 소중히 여겨야 한다는 점을 깨우쳐 줍니다.

또한, 이와 비슷한 말씀을 성경에서도 말합니다. "땅에서 우리의 날은 그림자 같아서 머무름이 없나이다"(대상 29:15). 이 말씀은 우리의 생명을 날아가는 새의 그림자에 비유하며, 삶의 덧없음을 상기시켜 주는 말씀입니다(Gen. Rabb. 96:2).

이와 비슷한 말씀을 미쉬나에서도 읽을 수 있습니다. "하루는 짧고, 할 일은 많으며, 일꾼들은 게으르고, 보상은 크며, 집주인은 재촉합니다"(Abo. 2:20). 이 말씀 또한 우리에게 매 순간 최선을 다해 살아가야 한다는 점을 강조하여 가르쳐 줍니다.

삶의 본질적인 가르침

성경의 계명을 이루는 것과 선행을 통한 삶은 풍요로워지고 충만해질 수 있습니다. 반대로, 특정한 어떤 잘못들은 삶의 기쁨을 빼앗고, 심지어 인간의 삶을 단축시키기도 합니다. 예를 들어, "악한 눈(즉, 질투), 악한 성향(즉, 방종), 그리고 이웃에 대한 증오는 인간을 세상 밖으로 내몬다"(Abo. 2:16)는 말씀처럼, 우리는 이러한 악덕을 경계하며 선을 실천해야 합니다.

이와 유사한 가르침은 고대 근동의 문헌 여러 곳에서 읽을 수 있으며, 또 다른 글을 읽어 보면 이렇게 기록하고 있습니다.
"질투와 탐욕, 그리고 야망은 인간을 세상으로부터 멀어지게 한다"(Abo. 4:28).

신체의 가치와 중요성

랍비들은 인간의 영적 본성에 대해 깊이 논의했지만, 신체의 가치 또한 간과하지 않았습니다. 신체는 하나님의 걸작품이며, 하나님의 무한한 선하심과 지혜를 증명하는 증거로 여겨졌습니다. 특히 각 사람이 서로 다른 개성을 지니고 있다는 사실은 사람들로 하여금 경외심을 불러일으켰습니다.

이는 지고한 왕 중의 왕, 복되신 거룩하신 분의 위대함을 선포합니다. 사람이 하나의 틀에서 많은 동전을 찍어내면 모두 동일하지만, 복되시고 거룩하신 분께서는 첫 사람의 틀에서 모든 사람을 만드시되, 서로 닮은 이가 없게 하셨습니다.

그리고 왜 얼굴이 서로 닮지 않았는가? 이는 사람이 아름다운 거처나 아름다운 여인을 보고 자신의 것이라 주장하지 못하게 하려는 것입니다.

"사람은 목소리, 외모, 그리고 마음, 이 세 가지 면에서 동료와 구별됩니다. 목소리와 외모는 도덕성을 보호하기 위해 다르게 되었으며, 마음은 도둑과 폭력배로부터 스스로를 지키기 위해 다르게 되었습니다"(Sanh. 38a).

고대 근동 문헌을 읽어가다 보면 인간을 소우주로 묘사하는 구문을 읽을 수 있습니다. "복되시고 거룩하신 분께서 세상에 창조하신 모든 것을 인간에게도 창조하셨습니다"(Aboth d' Rabbi Natan 31장)라는 이 개념은 다음과 같이 상세히 설명됩니다. 예를 들어, 머리카락은 숲에, 입술은 벽에, 이빨은 문에, 목은 탑에, 손가락은 못에 해당한다고 비유합니다.

태아와 출생에 대한 랍비들의 관점

랍비들은 태아와 출생에 대해 다음과 같이 설명합니다. 어머니의 태 안에 있는 아이는 마치 접힌 채 옆에 놓인 책과 같습니다. 두 손은 관자놀이에 있고, 두 팔꿈치는 두 무릎에, 두 발꿈치는 엉덩이에 있으며, 머리는 무릎 사이에 있습니다. 입은 닫혀 있고 배꼽은 열려 있으며, 어머니가 먹는 것을 먹고 어머니가 마시는 것을 마시지만, 어머니를 죽일 수 있으므로 배설은 하지 않습니다.

아이가 세상의 공기 속으로 나올 때, 닫혀 있던 것(즉, 입)은 열리고 열려 있던 것(즉, 배꼽)은 닫히게 됩니다. 그렇지 않으면 아이는 한 시간도 살 수 없습니다. 아이의 머리 위에는 불이 켜져서 세상 이 끝에서 저 끝까지 볼 수 있습니다.

욥기 29:3절에 "그의 등불이 내 머리 위에 비치고, 그의 빛으로 내가 어둠을 걸었노라"라고 기록되어 있습니다. 이를 놀라워하지 마십시오. 사람이 이 자리에서 잠을 자면서 스페인에서의 꿈을 볼 수 있지 않습니까? 이때 인간은 가장 행복한 나날을 경험합니다. 그때 토라 전체를 배우지만, 세상의 대기로 들어설 때 천사가 와서 그의 입을 치고 모든 것을 잊게 만듭니다.

순수함에 대한 맹세

맹세가 부과될 때까지 태아는 자궁에서 나오지 않습니다. 탈무드는 다음과 같이 기록하고 있습니다.

"의롭지도 말고, 사악하지도 말라. 모든 사람이 당신을 의롭다고 하더라도, 자신의 눈에는 자신을 사악하다고 생각하십시오. 복되시고 거룩하신 분께서는 순수하시며, 그분의 천사들도 순수하며, 그분께서 당신 안에 심으신 영혼 또한 순수하다는 것을 아십시오. 만약 당신이 그 순수함을 지킨다면 그것은 좋은 일이 될 것입니다. 그렇지 않다면 내가 그것을 당신에게서 가져갈 것입니다"(Nidd. 30b).

탈무드가 말하는 인체 구조

탈무드는 인체의 해부학에 관해 다음과 같이 설명합니다. 인체에는 248개의 뼈 마디가 있습니다. 발바닥에는 각 발가락에 6개씩 30개가 있습니다. 발목에는 10개, 정강이에는 2개, 무릎 관절에는 5개, 허벅지에는 1개, 고관절에는 3개가 있습니다. 또한, 갈비뼈는 11개이고, 손바닥에는 각 손가락에 6개씩 30개가 있습니다. 아래팔에는 2개, 팔꿈치에는 2개, 팔에는 1개, 어깨에는 4개가 있습니다. 이와같이 인체의 양쪽에 각각 101개가 있습니다. 추가적으로 척추에는 18개의 척추뼈, 머리에는 9개, 목에는 8개, 흉부에는 6개, 그리고 생식기에는 5개가 있습니다(Oho. 1:8).

인체의 경이로운 구조는 랍비들에게 큰 감동을 주었으며, 그로 인해 랍비들은 경탄에 경탄을, 찬사에 찬사를 보냈습니다.

"풍선은 바늘로 찌르기만 해도 눈에 보이지 않는 작은 구멍으로 그 안의 모든 공기가 빠져나가지만, 인간의 몸은 수많은 구멍(입, 코, 귀, 항문, 모공 등)을 가지고 있음에도 불구하고 그 몸 안의 숨이나 액체가 빠져나가지 않습니다"(Gen. Rabb. 1:3).

거룩하신 분, 복되신 그 분께서 창조하신 사람의 얼굴은 펼친 손가락 사이의 공간과 같을 만큼 작지만, 서로 섞이지 않는 여러 수원을 포함하고 있습니다.

예를 들어, 눈의 물은 짜고, 귀의 물은 기름지며, 코의 물은 악취가 나고, 입의 물은 달콤합니다. 왜 눈물이 짠가요? 이는 사람이 죽은 자를 위해 계속 울면 눈이 멀게 되기 때문입니다. 하지만 눈물이 짜기 때문에 울음을 멈추게 됩니다. 왜 귀의 물이 기름진가요? 사람이 나쁜 소식을 들을 때, 그 소식을 귀로 받아들이면 그의 마음이 휘감겨 죽게 될 것입니다. 하지만 귀의 물이 기름지기 때문에 한쪽 귀로 들어온 소식이 다른 쪽으로 빠져나가게 됩니다. 왜 코의 물이 악취가 나나요? 사람이 나쁜 냄새를 맡았을 때, 코의 물이 악취가 나서 이를 막아주지 않았다면 그는 그 자리에서 죽었을 것입니다. 그리고 왜 입의 물이 달콤한가요? 사람이 때로 혐오스러운 것을 먹고 뱉어낼 때, 침이 달콤하지 않았다면 그의 영혼이 그에게 돌아오지 않았을 것입니다(Num. Rabb. 18:22).

또한 다음과 같은 가르침도 있습니다. "와서 보십시오. 거룩하신 분, 복되신 그분께서 인간에게 얼마나 많은 기적을 행하셨는지 보세요. 그러나 인간은 그 기적을 깨닫지 못합니다. 예를 들어, 딱딱한 빵을 먹으면 그것이 장으로 내려가 장을 긁을 수 있습니다. 하지만 거룩하신 분, 복되신 그분께서 인간의 목구멍 가운데 샘을 만드셔서 빵이 안전하게 내려가게 하셨습니다"(Exo. Rabb.

24:1).

당시 제한된 생리학적 지식을 가진 랍비들은 모든 신체 기관과 그 기능이 개인의 안녕과 생명 연장을 위해 하나님께서 설계하셨음을 입증하고자 노력한 것으로 보입니다. 또한 그들은 신체의 각 부위가 특정한 감정과 효과를 담당한다고 믿었습니다.

예를 들어, 신장은 생각을 촉진하고, 심장은 지능을 발휘하며, 혀는 발음을 하고, 입은 단어의 발음을 완성합니다. 식도는 다양한 음식을 들이고 내보내며, 기도는 목소리를 만들고, 폐는 액체를 흡수합니다. 간은 분노를 일으키고, 담낭은 분노를 진정시키는 물을 한 방울 떨어뜨립니다. 비장은 웃음을, 대장은 음식을 갈아내며, 위는 수면을 유도하고, 코는 수면에서 깨어나게 합니다. 만약 수면을 유도하는 기관이 깨어나게 하거나, 깨어나게 하는 기관이 수면을 유도한다면 그 사람은 쇠약해질 것입니다. 두 기관이 동시에 수면을 유도하거나 깨어나게 하면 즉시 사망에 이를 것입니다(Ber. 61a, b).

도덕적 행위의 관점에서 본 신체 부위

도덕적 행위의 관점에서 신체 부위는 다음과 같이 분류되었습니다. 여섯 개의 기관이 인간을 섬기는데, 그중 세 개는 인간의 통제하에 있고, 나머지 세 개는 그렇지 않습니다. 통제할 수 없는 세 기관은 눈, 귀, 그리고 코입니다. 사람은 원치 않는 것을 보거나, 듣거나, 맡을 수밖에 없습니다.

반면 통제할 수 있는 세 기관은 입, 손, 발입니다. 입으로는 토라를 읽거나, 나쁜 말을 하거나, 신성모독을 할 수 있습니다. 손으로는 선행을 하거나, 도둑질을 하거나, 심지어 살인을 저지를 수도 있습니다. 발로는 극장과 서커스장으로 걸어갈 수도 있고, 예배와 학문의 장소로 향할 수도 있습니다(Gen. Rabb. 67:3).

인간이 경험하는 허무 7가지

또한, 전도서 1장에서 언급된 일곱 가지 허무는 인간이 경험하는 일곱 가지 세계와 연관된다는 미드라쉬의 해석이 있습니다. 이는 셰익스피어의 인생 7단계와도 비슷한 내용입니다. 한 살 때는 왕처럼 덮개 있는 가마에 앉아 모두가 안아주고 입맞춤합니다.

두세 살 때는 하수구를 뒤지는 돼지와 같으며, 열 살 때는 새끼 염소처럼 뛰어다닙니다. 스무 살이 되면 자신을 꾸미고 배우자를 찾는 울부짖는 말과 같으며, 결혼 후에는 무거운 짐을 진 당나귀와 같습니다. 그 후 자녀의 아버지가 되어 그들을 부양하기 위해 개처럼 대담해지고, 마지막으로 노년이 되면 원숭이처럼 구부정하게 됩니다(Ecc. Rabb. 1:2).

인간의 죄와 죽음의 관계

죽음은 죄의 결과로 여겨졌으며, 죄 없는 사람은 필연적으로 불멸할 것이라고 간주되었습니다. "죄 없이는 죽음이 없다"(Shab. 55a)는 말씀은 이 가르침을 뒷받침합니다. 천사들이 복되시고 거룩하신 분 앞에서 "왜 아담에게 죽음의 형벌을 내리셨나이까?"라고 물었을 때, 하나님께서는 "나는 그에게 가벼운 계명을 주었으나 그가 이를 어겼노라"(Shab. 55b)라고 대답하셨습니다.

"만약 누군가가 아담이 죄를 짓지 않고 금단의 나무를 먹지 않았다면 영원히 살았을 것이라고 말하면, 실제로 엘리야에게 일어난 일을 보라"라고 기록되어 있습니다(Lev. Rabb. 27:4).

죽음은 하나님께서 우주에 만드신 것 가운데 가장 강력한 힘을 가지고 있기 때문에 결코 극복될 수 없다고 여겨집니다.

세상에는 열 가지 강한 것이 창조되었나니, 산은 강하지만 철이 그것을 부술 수 있고, 철은 강하지만 불이 그것을 녹일 수 있으며, 불은 강하지만 물이 그것을 끌 수 있고, 물은 강하지만 구름이 그것을 품을 수 있으며, 구름은 강하지만 바람이 그것을 흩을 수 있고, 바람은 강하지만 몸이 그것을 품을 수 있으며(숨으로서), 몸은 강하지만 공포가 그것을 무너뜨릴 수 있고, 공포는 강하지만 술이 그것을 몰아낼 수 있으며, 술은 강하지만 잠이 그것을 상쇄할 수 있습니다. 그러나 죽음은 이 모든 것보다 강합니다(B.B. 10a).

죽음은 다양한 형태로 나타나며 여러 가지 모습을 취합니다. 세상에는 903가지의 죽음이 만들어졌는데, 이는 시편 68:21절(한글성경 20절)에 기록된 말씀에 근거하여 해석한 것입니다.

"하나님은 우리에게 구원의 하나님이시라 사망에서 벗어남은 주 여호와로 말미암거니와"(시 68:20).

이 시편에서 '벗어남'이라는 단어는 히브리어로 '토짜오트'(תוֹצָאוֹת)인데 이 단어의 각 문자가 가지는 수의 값은 차례대로 400+6+90+1+6+400으로 모두 합하면 903이 됩니다. 이 단어가 가지는 수를 근거로 탈무드 버라호트 8a는 죽음의 종류가 903가지 형태라 하였습니다. 그러나 903가지를 열거하지는 않았습니다. 버라호트 8a의 한 부분을 읽어 보겠습니다.

> שבכולן קשה כְּחַס תהלים מות למוצאות־שנאמר בעולם נבראו מיני
> ושלשה מאות תשע־תניא בנמל ספינה כמשיכת אומרים ויש צמר
> בניזת קוץ כמשיכת־אסכרה נשיקה־שבכולן קלה אסכרה
>
> 우리에게 가르쳐지기를, 세상에는 903가지의 죽음의 형태가 존재한다고 하였다. 이는 시편 68:21절(한글성경 20절)의 '죽음의 길들'(תוצאות מות)에서 유래된 것이다. 그 중 가장 고통스러운 죽음은 '아스카라'(אסכרה)이며, 가장 가벼운 죽음은 '너쉬카'(נשיקה)이다.

'아스카라'(אסכרה)는 마치 양털 뭉치에서 가시를 빼내는 것과 같다고 설명하기도 하고, 혹자는 이를 소용돌이 치는 항구에서 배를 끌어내는 것과 같다고 합니다. 이는 아주 고통스럽게 죽어가는 죽음을 설명하는 표현입니다. 이는 903가지 죽음 가운데 가장 고통스러운 죽음을 설명하는 것입니다.

또 다른 한 단어 '너쉬카'(נשיקה)는 마치 우유에서 머리카락 한 올을 빼내는 것과 같다 하였습니다. 이는 '죽음의 키스'를 뜻한다고 설명한 것입니다. 이는 '우유에서 머리카락을 빼내는 것'처럼 부드럽고 고통 없이 달콤하게 죽음을 맞이하는 것을 설명하는 구문입니다.

이 구절은 탈무드의 사색적이고 비유적인 문학형식을 보여주며, 죽음의 다양성을 인간적이고 상징적인 이미지로 설명하려는 시도를 담고 있습니다.

이 비유들은 고대 유대 문헌에서 죽음을 묘사하는 방식으로, 죽음의 과정과 그 고통의 정도를 상징적으로 설명하고 있습니다. 이들 표현은 사람이 어떻게 죽음을 경험할 수 있는지를 상상하여 표현한 것으로, 각기 다른 형태의 죽음을 묘사합니다.

'그룹'이라는 죽음의 형태는 극도로 고통스러운 죽음을 상징합니다. 이 비유에서 '깎은 양털 뭉치 속의 가시'는 촘촘히 엉킨 양털 속에서 가시를 억지로 빼내는 것처럼, 매우 어렵고 고통스러운 과정을 말합니다. 죽음을 맞이하는 순간, 영혼이 육체에서 강제로 분리되는 극심한 고통을 표현하는 비유의 말입니다.

반대로, '죽음의 키스'는 가장 평화롭고 고통 없는 죽음을 상징합니다. 여기서 비유된 '우유에서 머리카락을 꺼내는 것'은 매우 부드럽고 쉬운 과정을 말합니다. 우유에 젖어 있는 머리카락은 거의 저항 없이 쉽게 빠져나오므로, 영혼이 마치 자연스럽고 부드럽게 육체를 떠나는 상태를 나타냅니다.

'그룹'과 '죽음의 키스'는 '가장 고통스러운 죽음'과 '가장 평온한 죽음'이라는 극단적인 두 가지 유형을 대조하여 보여줍니다. 이는 삶에서 개인이 어떤 상태로 살았느냐에 따라 죽음이 다르게 경험될 수 있다는 랍비들의 신학적 가르침을 반영합니다. '그룹'은 죄악된 삶이나 영혼이 저항할 때의 고통스러운 죽음을 말하고 '죽음의 키스'는 의롭고 평화로운 삶을 산 사람이 경험하는 은혜로운 죽음을 말합니다.

세상을 떠나는 죽음의 과정

사람이 세상을 떠날 때가 되면, 죽음의 천사가 하나님이 그의 코에 불어 넣었던 그의 '영혼'(נְשָׁמָה)을 데려가기 위해 찾아옵니다. '너샤마'(נְשָׁמָה)는 피가 가득한 혈관과 같으며, 온몸에 퍼져 있는 작은 혈관들에 퍼져 있습니다. 죽음의 천사는 이 혈관의 상단을 잡고 이를 추출합니다. 의로운 사람의 몸에서는 마치 우유에서 머리카락을 뽑아내듯 부드럽게 추출되지만, 사악한 사람의 몸에서는 마치 수로 입구의 소용돌이치는 물처럼, 또는 양털 뭉치에서 가시를 뒤로 잡아당기는 것처럼 어렵게 추출됩니다. 이것이 추출되자마자 그 사람은 죽음을 맞이하며, 영혼은 나와서 시신이 부패할 때까지 그의 코에 머무릅니다. 이때 영혼은 거룩하신 분 앞에서 울며 탄식하며 말합니다.

"우주의 주님이시여! 저는 어디로 인도되고 있나이까?"

그러자 즉시 천사 두마(유대교에서 사후 세계에서 영혼을 관리하거나 인도하는 천사)가 그 영혼을 데리고 가서 영혼들의 법정으로 인도합니다. 만약 그가 의로운 자였다면, 그의 앞에서 선포되기를, "이 의로운 자를 위한 자리를 마련하라"라고 하며, 그는 여러 단계를 하나씩 지나 현존하시는 하나님 앞으로 나아가 하나님을 바라보게 됩니다(Midrash Ps. 11:7, Ber. 51b, 52a).

죽음의 과정에 대한 또 다른 설명은 다음과 같습니다. 죽음의 천사는 온몸이 눈으로 가득 차 있다고 전해집니다. 병자가 임종할 때, 그는 병자의 베개 위에 서서 담즙 한 방울이 매달린 검을 손에 들고 있습니다. 병자가 그를 보게 되면, 놀라서 입을 벌리게 되고, 그 순간 천사가 그 방울을 떨어뜨립니다. 이로 인해 병자는 죽음을 맞이하며, 시신에서 악취가 나고 얼굴이 창백하게 변합니다(A.Z. 20b).

또한, 그 시대 사람들은 죽음과 관련된 상황에서 여러 가지 징조를 찾아 좋은 징조와 나쁜 징조로 구분하기도 하였습니다.

"웃음 속에서 죽는 자는 좋은 징조이지만, 울음 속에서 죽는 자는 나쁜 징조입니다. 얼굴이 위를 향하면 좋은 징조이고, 아래를 향하면 나쁜 징조입니다.

얼굴이 사람들을 향하면 좋은 징조이고, 벽을 향하면 나쁜 징조입니다. 얼굴이 창백하면 나쁜 징조이고, 붉으면 좋은 징조입니다. 안식일 전날에 죽는 것은 좋은 징조이고, 안식일이 끝날 때 죽는 것은 나쁜 징조입니다. 속죄일 전날에 죽는 것은 나쁜 징조이고, 속죄일이 끝날 때 죽는 것은 좋은 징조입니다. 복부 질환으로 죽는 것은 좋은 징조라 여겨졌습니다. 이는 대다수의 의로운 사람들이 이러한 이유로 세상을 떠났기 때문입니다"(Ket. 103b).

랍비들은 일반적으로 죽음을 마주하는 두려움을 최소화하려 애를 썼습니다. 그들은 죽음이 완전히 자연스러운 과정이라는 점을 강조하였습니다. "태어날 때가 있고 죽을 때가 있다"(전 3:2)라는 말씀에 대해 미드라쉬는 이렇게 설명하였습니다.

"태어나는 순간부터 죽음의 가능성은 항상 존재한다"

"죽기 하루 전에 회개하라"(Shab. 153a)고 권면하였습니다. 이는 사람이 자신의 죽는 날을 알 수 없으니, 매일 회개해야 함을 의미합니다. 우리가 보았듯이 랍비들은 죽음을 창조주 하나님께서 만드신 '매우 좋은' 것들 중 하나로 간주합니다.

죽음의 시기는 하나님께서 정하시는 것으로, 아무도 하나님의 결정을 미리 예측할 수 없습니다. 자살은 극히 혐오스러운 행위로 간주되었으며, 중대한 죄로 단죄되었습니다. 랍비들은 "반드시 너희의 피, 너희 생명의 피를 내가 찾으리라"(창 9:5)라는 구절의 '반드시'라는 단어는 스스로 목숨을 끊는 자를 포함한다"(Gen. Rabb. 34:13)라고 설명하였습니다.

이는 직접적인 유혈행위 없이 생명을 해치는 경우도 포함된다는 뜻입니다. 이와 관련된 설명은 다음과 같이 기록되어 있습니다.

"사람은 자신에게 해를 가할 수 없다. 일부 권위자들은 가능하다고 주장하나, 반드시 너희의 피, 너희 생명의 피를 내가 찾으리라는 구절에 비추어 볼 때, 이는 자기 파괴로 해석되어 다르게 취급된다"(B.K. 91b).

결국, 자신의 몸을 자해하다가 자살로 이어질 경우, 모든 랍비들이 이러한 행위를 금지하는 것에 동의한다는 의미입니다.

또한 이론보다는 실천에서 더욱 인상적인 사례가 있습니다. 랍비 하니나 벤 테라디온의 순교 이야기를 읽어 보면, 그는 로마인들에 의해 산 채로 화형을 당하였습니다. 당시 그들은 그의 몸을 토라 두루마리로 감싸고 고통을 연장하기 위해 물에 적신 커다란 스폰지 위에 올려 놓았습니다.
그의 제자들이 그에게 외쳤습니다. "랍비님, 입을 열어 불이 속으로 들어가게 하십시오"(죽음을 앞당기기 위해).
이에 랍비는 대답하였습니다. "생명을 주신 분께서 가져가시는 것이 더 낫습니다. 누구도 스스로 그것을 해쳐서는 안 됩니다"(A.Z. 18a).

삶과 죽음에 대한 건전하고도 건강한 관점은 "태어난 날보다 죽는 날이 더 낫다"(전 7:1)라는 구절의 해석에서 찾아볼 수 있습니다. 사람이 태어날 때는 모두가 기뻐하고, 죽을 때는 모두가 슬퍼합니다. 하지만 그렇게 되어서는 안 됩니다. 한 사람이 태어날 때, 그가 의로운지 사악한지, 선한지 악한지, 그의 운명과 인생의 진로가 어떻게 될지 아무도 알 수 없으므로 기뻐해서는 안 됩니다. 반면에, 그가 세상을 떠날 때 좋은 이름을 남기고 평화롭게 떠났다면, 이는 기뻐할 일입니다.

이와 관련하여 바다를 항해하는 두 척의 배에 대한 비유가 전해집니다. 한 척은 항구를 떠나고, 다른 한 척은 항구로 들어오고 있었습니다. 사람들은 출항하는 배에 대해 기뻐했지만, 도착하는 배에 대해서는 별다른 기쁨을 보이지 않았습니다.

이때, 현자 한 분이 그곳에 서서 사람들에게 말씀하였습니다. "제 의견은 여러분과 반대입니다. 어떤 거친 바다와 폭풍우를 만나게 될지 알 수 없으므로, 출항하는 배에 대해 기뻐해서는 안 됩니다. 그러나 배가 항구에 안전하게 도착했을 때는 무사히 도착한 것에 대해 모두가 기뻐해야 합니다"(Ecc. Rabb. 7:1).

제 2 장

영혼의 본질

제2장

영혼의 본질

인간에게 영혼(נְשָׁמָה, 너샤마)이 부여되었다는 것은 인간이 하나님과 유사하게 되었다는 말입니다. 인간에게 있는 이러한 신성한 특징은 창조주와의 친밀함을 가능하게 하며, 다른 피조물에 대한 인간의 우월성을 말합니다. 이미 앞에서 말한 것과 같이 랍비들은 인간에게 이중적 본성이 있다는 것을 가르쳐 왔습니다.

"인간의 영혼은 하늘로부터, 육체는 땅으로부터 왔다"(Sifre Deut. 306, 132a).

또한, 육체를 '영혼의 칼집'이라고 하였으며(Sanh. 108a), 영혼이 육체와 맺는 관계는 하나님께서 우주와 맺는 관계와 같다고 하였습니다. 그러므로 삶의 성격은 개인이 자신의 영혼을 순수하고 깨끗하게 유지하려는 노력에 달려 있습니다. "영은 그것을 주신 하나님께로 돌아가리라"(전 12:7)는 말씀을 주제로 설교한 은혜로운 설교가 전해지고 있습니다. 한 단락을 소개합니다.

[그분께 돌려드리되, 그분이 순수하게 주셨듯이 순수하게 돌려드리라.]
왕이 노예들에게 왕의 의복을 나누어 준 비유가 있습니다. 현명한 노예들

은 그 의복을 접어서 상자에 보관하였고, 어리석은 노예들은 그것을 입고 일을 하였습니다. 시간이 지나 왕이 의복을 돌려받기를 요구하였습니다. 현명한 자들은 깨끗한 상태로 의복을 돌려드렸고, 어리석은 자들은 더럽혀진 상태로 돌려드렸습니다. 이에 왕은 현명한 노예들에게 기뻐하며, 그들에게 의복을 보관소에 넣어두고 평화롭게 집으로 돌아가라고 하였습니다. 반면, 어리석은 노예들에게는 의복을 세탁인에게 넘기고 그들을 감옥에 가두라고 명령하였습니다 (Shab. 152b, Midrash Ec. 12:7).

이 비유는 우리가 영혼을 관리하고 돌보아야 할 책임이 있다는 것을 가르쳐 줍니다.

거룩하신 하나님께서는 의인의 몸에 대해 성경에서 이렇게 말씀하셨습니다. "그들은 평안에 들어갔나니, 바른 길로 가는 자들은 그들의 침상에서 편히 쉬리라"(사 57:2).

그리고 의인의 영혼에 대해 이렇게 말하였습니다. "내 주의 생명은 내 주의 하나님 여호와와 함께 생명싸개 속에 싸였을 것이요"(삼상 25:29).

반면에 악인의 몸에 대해서 성경에서는 "악인에게는 평안이 없다"(사 48:22) 고 말합니다.

또한 악인의 영혼에 대해서는 "내 주의 원수들의 생명은 물매로 던지듯 여호와께서 던지시리이다"(삼상 25:29, Shab. 152b)라고 말합니다.

여기서 우리는 영혼이라는 단어에 관하여 잠시 정리하고 넘어가겠습니다. 그래야 영혼을 바르게 이해할 수 있습니다. 아래와 같이 영혼은 다섯 가지 이름으로 불립니다.

네페쉬(נֶפֶשׁ), 루아흐(רוּחַ), 너샤마(נְשָׁמָה), 하야(חַיָּה), 여히다(יְחִידָה).

1) '네페쉬'(נֶפֶשׁ)는 피와 관련이 있으며, 성경에서는 "피가 곧 생명이다"(신 12:23)라고 말합니다. 즉, 생명을 나타내는 단어입니다.

2) '루아흐'(רוּחַ)는 활동과 움직임을 가리킵니다. 전도서 3:21절의 "사람의 영(רוּחַ)이 위로 올라가고 짐승의 영(רוּחַ)은 아래 곧 땅으로 내려가는 줄을 누가 알랴"(전 3:21)라는 구절에서 보이듯이 영의 움직임과 관련이 있습니다.

3) '너샤마'(נְשָׁמָה)는 사람의 기질이나 본질을 뜻합니다. 이는 인간의 독특한 특성을 나타냅니다. 창세기 2:7절을 읽어 보면 하나님이 사람을 지으실 때 땅의 먼지에 '너샤마'(נְשָׁמָה)를 불어 넣으셨다고 합니다.

4) '하야'(חַיָה)는 육체의 생명을 말하며, 몸의 모든 기능이 살아있는 상태를 나타냅니다. 창세기 2:7절에 '살아있는 영이 되었다' 할 때 '살아있는'라는 단어가 바로 '하야'입니다.

5) '여히다'(יְחִידָה)는 '유일함'을 뜻합니다. 이는 인간의 다른 지체들이 서로 연락하여 하나로 작용하여 살아가는 모습을 표현합니다(Gen. Rabb. 14:9).

예를 들어, "모든 '네페쉬'는 '네페쉬'로 회복된다"는 표현은 이 단어들이 생명과 죽음의 과정에서 어떻게 서로서로 연결되는지를 보여줍니다. 이 단어들 중 처음 세 단어(네페쉬, 루아흐, 너샤마)는 랍비 문헌에서 자주 사용되지만, 그 차이를 정확히 정의하기는 어렵습니다.

'네페쉬'는 피와 동일시되며 생명력을 의미합니다. 이는 인간뿐 아니라 동물에게도 적용될 수 있습니다. 예를 들어, "모든 '네페쉬'는 '네페쉬'를 회복시키고, '네페쉬'에 가까운 모든 것은 '네페쉬'를 회복시킨다"(Ber. 44b)라는 말은 생명력을 가진 모든 존재(동물이나 물고기)가 그것을 먹는 사람의 생명력을 증가시킨다는 뜻이며, 특히 생명 기관 가까운 부위가 그렇다는 의미입니다. 따라서 네페쉬는 죽음과 함께 소멸합니다.

'루아흐'와 '너샤마'는 인간의 심리적 본질을 나타내며, 인간에게만 적용되는 불멸의 부분으로 여겨집니다. 이는 하나님께서 인간에게 불어넣으신 '숨'(창 2:7)을 가리킵니다. 이 두 단어는 종종 혼용되어 사용됩니다.

인간 배아(embryo)에 영혼이 언제 들어오는지에 대한 질문은 미쉬나의 편집자인 랍비 유다(R. Judah)와 그의 로마인 친구 안토니누스(Antoninus) 사이에서 논의되었다고 전해집니다.

안토니누스가 랍비 유다에게 물었습니다. "영혼은 인간에게 언제 주어집니까? 수태되는 순간입니까, 아니면 배아가 형성되는 때입니까?"

랍비 유다가 대답했습니다. "배아가 형성되는 때입니다."

다른 사람이 이렇게 말합니다. "소금에 절이지 않은 고기 조각이 부패하지 않고 그대로 있을 수 있겠는가?" 이는 분명히 수태의 순간을 의미합니다.

이에 랍비 유다는 "안토니누스가 나에게 가르쳐준 것이 있는데, '당신의 돌보심이 내 영을 지키셨나이다'(욥 10:12, Sanh. 91b)라는 성경 구절이 그의 견해를 뒷받침합니다"라고 말하였습니다.

탈무드는 영혼의 선재를 가르칩니다.

"일곱 번째 하늘인 아라보스에는 아직 창조되지 않은 영과 혼들이 저장되어 있다"(Hag. 12b).

이는 아직 육체와 결합하지 않은 태어나지 않은 영혼들입니다. 이 태어나지 않은 영혼들이 모두 지상에서 자신들의 존재 기간을 마치기 전까지는 메시아 시대가 도래하지 않을 것이라는 공통된 믿음이 있었습니다.
"구프에 있는 모든 영혼이 끝날 때까지 다윗의 아들(즉, 메시아)은 오지 않을 것이다"(Yeb. 62a, Shab.152b).

여기서 '구프'란 영혼들이 인간의 육체에 거할 때를 기다리는 천상의 저장소를 가리킵니다. 영혼은 인간 안에 있는 영적인 힘으로, 인간을 단순한 동물적 존재 이상으로 높이고, 이상에 도달하도록 고무하며, 선을 선택하고 악을 거부하도록 촉구합니다.

안식일 역시 인간의 삶에서 중요한 영적인 힘을 지니고 있기에, 랍비들의 가르침에서 다음과 같은 내용이 전해집니다.
"안식일 전야에 인간에게 추가적인 영혼이 주어지며, 이는 안식일이 끝날 때 거두어진다"(Taan. 27b).
이는 거룩한 날을 적절히 준수하는 것이 영혼의 힘을 강화하고 인간의 삶에서 그 역동적인 영향을 증가시킨다는 것을 말합니다.

인간이 이 귀중한 선물을 마음에 깊이 새길 때에만 그의 삶은 신의 뜻에 의해 영향을 받을 수 있습니다. 따라서 매일 아침 깨어날 때 첫 번째 기도로 다음과 같이 기도하라고 가르칩니다.
"오 나의 하나님, 주께서 제게 주신 영혼은 순수합니다. 주께서 그것을 제 안에 창조하셨고, 주께서 그것을 제게서 가져가실 것입니다. 그러나 후에 저에게 다시 돌려주실 것입니다. 영혼이 제 안에 있는 한, 저는 주님께 감사를 드리겠나이다. 오 주 나의 하나님이시여, 내 조상들의 하나님이시여, 모든 세계의 주권자시며, 모든 영혼의 주님이시여, 당신을 찬양합니다. 오 주님, 죽은 육체에 영혼을 되돌려주시는 분이시여"(Ber. 60b).

제3장

신앙과 기도

제3장

신앙과 기도

영적 자질로 인한 하나님과 인간의 관계는 이 천상의 선물에 합당함을 증명해야 할 책임을 인간에게 부여합니다. 인간이 하나님의 형상대로 지음받아 그분의 영광을 받은 존재라면, 창조주의 인정을 받을 수 있도록 살아야 하는 마땅한 의무가 있습니다.

그렇다면 인간에게 기대되는 것은 무엇일까요? 이에 대한 답은 다음에서 찾을 수 있습니다.

"일곱 가지 자질이 영광의 보좌 앞에서 유효하다. 신앙, 의로움, 정의, 자애, 자비, 진실, 평화"(Aboth d' Rabbi Natan, 37장).

이 일곱 가지는 최고의 미덕을 나타내며, 그중 첫 번째 자리는 신앙에 할당됩니다. 이는 인간과 하나님의 관계가 궁극적으로 이 원칙에 의존한다고 선언하는 것입니다.

모세에게는 613개의 계명이 주어졌습니다. 이는 태양 년의 날수에 해당하는 365개의 부정적 계명과 인간의 지체 수에 해당하는 248개의 긍정적 계명으로 이루어졌습니다.

다윗은 이를 시편 15편에 열거된 열한 가지 원칙으로 줄였습니다.

이사야는 이를 여섯 가지로 줄였습니다.
"의롭게 행하며 정직하게 말하며, 토색한 재물을 가증히 여기며, 손을 흔들어 뇌물을 받지 아니하며, 귀를 막아 피 흘리는 것을 듣지 아니하며, 눈을 감아 악을 보지 아니하는 자니라"(사 33:15).

미가는 이를 세 가지로 줄였습니다.
"여호와께서 네게 구하시는 것이 오직 공의를 행하며 인자를 사랑하며 겸손히 네 하나님과 함께 행하는 것이 아니냐?"(미 6:8).

이사야는 나중에 이를 두 가지로 줄였습니다.
"여호와께서 이같이 말씀하시되, 너희는 정의를 지키며 의를 행하라"(사 56:1).

마지막으로 하박국은 이를 하나로 줄였습니다.
"의인은 그의 믿음으로 말미암아 살리라"(합 2:4, Makk. 24a).

현자들은 성경과 이스라엘의 영웅들의 삶에서 신앙이 구별되는 특징임을 지적하며, 이 신앙으로 인해 그들이 하나님의 특별한 은총을 받을 자격이 있었다고 말씀하였습니다. 세상을 말씀으로 창조하신 하나님을 믿은 이스라엘의 신앙은 위대했습니다.

이 신앙의 보상으로 성령이 그들 위에 임하여 그들이 노래하게 되었습니다. 말씀하시기를, "그들이 여호와와 그의 종 모세를 믿었더라"(출 14:31)라고 하였고, 이어서 "모세와 이스라엘 자손이 이 노래로 여호와를 찬양하였더라"라고 하였습니다. 마찬가지로 우리의 조상 아브라함이 이 세상과 내세를 상속받은 것도 오직 신앙으로 말미암았음을 알 수 있습니다. 말씀하시기를,

"그가 여호와를 믿으니 여호와께서 이를 그의 의로 여기셨더라"(창 15:6).

다른 예들을 읽어 보아도, "신앙으로 단 하나의 계명이라도 받아들이는 자는 성령을 받기에 합당하다"는 말로 결론을 맺습니다(Mekhilta d' Rabbi Ishmael, 출 14:31, Ber. 33b).

하나님께서 모세를 통해 이스라엘에게 주신 많은 계명들은 백성들에게 신앙을 심어주는 것을 목적으로 하였습니다. 이러한 해석과 함께 두 가지 두드러진 예시가 제시되었습니다.

출애굽기 17:11절에서는 모세가 아말렉과의 전투 중에 손을 높이 들고 있었다고 전하는데 다음과 같은 질문이 생깁니다.

"모세의 손이 이스라엘에게 승리를 주거나 아말렉의 힘을 꺾을 수 있었을까?" 이에 대해 다음과 같이 설명합니다. "그러나 그가 하늘을 향해 손을 들고 있는 동안, 이스라엘 백성들은 그를 바라보며 모세에게 그렇게 하라고 명령하신 분을 믿었고, 복되고 거룩하신 하나님께서 그들을 위해 기적을 행하셨다. 마찬가지로, 놋뱀을 만드는 것도 그러했다"(민 21:8).

"뱀의 형상이 생명을 죽이거나 구할 수 있었을까? 그러나 이스라엘 백성들은 그것을 바라보며 모세에게 그렇게 하라고 명령하신 하나님을 믿었고, 복되시고 거룩하신 하나님께서 그들을 위해 치유를 행하셨다"(Mechilta to Exo. 17:11, 54a).

이스라엘에서는 '믿음의 사람들'이 매우 존경받았다고 전해집니다. 이들은 모든 시기와 모든 상황에서 하나님을 절대적으로 신뢰한 사람들이었습니다. 성전이 파괴된 이후 '믿음의 사람들이 사라졌다'는 사실에 대해 한탄하기도 했습니다(Sot. 9:12).

이러한 믿음이 무엇을 의미하는지는 다음과 같은 말에서 알 수 있습니다.
"바구니에 빵 한 조각이 있으면서도 내일 무엇을 먹을까 하고 말하는 자는 믿음이 작은 자들에 속한다"(Sot. 48b).

탈무드는 하나님에 대한 흔들리지 않는 신뢰로 특별히 구별된 두 사람에 관한 일화를 보존하고 있습니다. 첫 번째는 '감조의 나훔'으로 알려진 인물입니다. 다음 이야기는 그가 왜 그런 이름을 얻게 되었는지 설명합니다.
왜 그가 '감조의 나훔'이라 불렸을까? 그것은 그에게 무슨 일이 일어나든 그는 "이것 또한(감조) 좋은 일이다"라고 외쳤기 때문이다(대하 28:18).

한 번은 랍비들이 황제에게 선물을 보내기로 했고, 이것을 누구를 통해 보낼지 의논했습니다. 그들은 결정하였습니다. "감조의 나훔을 통해 보내자. 그는 기적이 일어나는 것에 익숙하니까!" 그래서 그를 통해 선물을 보냈습니다. 그러나 그는 여행 중에 여관에서 잠을 잤습니다. 그때 다른 투숙객들이 밤중에 일어나 그의 가방의 내용물을 꺼내고 흙으로 채웠습니다.

그가 황제에게 도착했을 때, 가방이 열렸고 흙으로 가득 찬 것이 발견되었습니다. 황제는 소리쳤습니다. "유대인들이 나를 조롱하는구나!" 그리고 "나훔을 처형하라"고 명령했습니다. 그런데도 그는 말했습니다. "이것 또한 좋은 일이다." 그때 엘리야가 황제의 수행원 중 한 명의 모습으로 나타나 말했습니다.

"아마도 이 흙은 그들의 족장 아브라함의 흙의 일부일 것입니다. 그가 적들에게 던진 흙은 검으로 변했고, 그가 던진 짚은 화살로 변했습니다."

황제에게 그 당시, 정복할 수 없었던 한 지방이 있었습니다. 그들은 나훔이 가져온 먼지를 그곳에 시험해 보았고, 그 결과 그 지방을 정복할 수 있었습니다. 이를 본 황제는 크게 감탄하며, 나훔을 자신의 보물창고로 데려가 그의 기방을 보석과 진주로 가득 채운 후 큰 영예와 함께 그를 돌려보냈습니다.

나훔이 다시 그 여관에 도착했을 때, 여관의 거주자들이 물었습니다. "황제께 무엇을 드렸기에 그런 큰 존경을 받으셨습니까?" 나훔은 대답했습니다. "나는 여기서 가져간 것만 드렸습니다." 그러자 그들도 나훔이 가져간 것과 같은 먼지를 황제에게 가져갔습니다. 그러나 그 먼지는 검과 화살로 변하지 않았고, 그들은 처형되었습니다(Taan. 21a).

또 다른 사례는 랍비 아키바에 관한 이야기입니다. 사람은 "항상 전능하신 하나님께서 하시는 모든 일이 최선을 위한 것"이라고 말하는 습관을 들여야 합니다. 이는 랍비 아키바가 길을 가다가 한 마을에 이르러 숙박을 요청했으나 거절당했던 사건에서 드러납니다.

그는 말했습니다. "전능하신 하나님께서 하시는 일은 모두 최선을 위한 것입니다."

그는 닭과 당나귀, 그리고 등불을 가지고 들판에서 밤을 보냈습니다. 그런데 바람이 불어 등불이 꺼졌고, 고양이가 와서 닭을 잡아먹었으며, 사자가 와서 당나귀를 잡아먹었습니다. 하지만 그는 여전히 "전능하신 분께서 하시는 일은 모두 최선을 위한 것입니다"라고 말했습니다. 바로 그날 밤, 도적떼가 와서 그 마을을 약탈했습니다. 그는 주민들에게 말했습니다. "거룩하신 분, 찬미 받으실 그분께서 하시는 모든 일이 최선을 위한 것이라고 제가 말하지 않았습니까?"(Ber. 60b).

미쉬나는 다음과 같은 규칙을 제정합니다.
"사람은 좋은 일에 대해 축복을 말하는 것과 마찬가지로, 나쁜 일에 대해서도 축복을 말할 의무가 있다"(Ber. 9:5).

유대인들은 기도라는 행위에서 신앙의 가장 진정한 표현을 찾습니다. 하나님과 하나님이 창조하신 피조물과 친밀한 관계를 맺고자 하시는 의지를 진심으로 믿는 사람만이 그분께 간구를 드릴 수 있습니다. 기도는 단순히 자신의 필요를 구하는 것만을 의미하지 않습니다. 기도의 가장 높은 의미는 피조물과 창조주 사이의 친밀한 교제이며, 내면의 깊은 곳에 있는 것을 서로 나누며 대화하는 것입니다. 이러한 기도는 하나님께 기쁨을 드리고, 인간에게도 유익을 가져다 줍니다.

심지어 "거룩하신 분, 복되신 그분께서 의인들의 기도를 갈망하십니다. 왜 의인들의 기도를 삽에 비유하는가? 삽이 농작물을 한 곳에서 다른 곳으로 옮기는 것처럼, 의인들의 기도는 하나님의 분노의 속성을 자비의 속성으로 바꾼다"라고 합니다(Yeb. 64a).

하나님께서 기도를 들으시려면 기도가 진실해야 할 뿐만 아니라, 기도하는 사람이 그의 청원에 응답받을 자격이 있어야 합니다.
"전능하신 이의 뜻을 행하고 그분께 마음을 향하여 기도하는 자는 들으심을 받습니다"(Exo. Rabb. 21:3).

"하나님을 경외하는 모든 사람의 말씀은 들으심을 받습니다"(Ber. 6b).

그러나 어느 누구도 자신이 응답받을 자격이 없다고 느껴 기도를 멈추어서는 안 됩니다. 그는 기도를 계속해야 합니다.

"만약 어떤 사람이 기도했는데 응답받지 못했다면, 그는 기도를 반복해야 합니다"(Ber. 32b).

그리고 더 나아가, "날카로운 칼이 사람의 목에 놓여있다 하더라도, 그는 하나님의 자비를 포기해서는 안 됩니다"(Ber. 10a)라는 가르침이 있습니다. 이는 생명의 마지막 순간까지 희망을 포기하지 말아야 함을 의미합니다.

또한 기도할 때에는 자신만을 생각해서는 안되며, 이웃의 필요도 마음에 두어야 합니다. 이웃을 위해 기도할 수 있는 능력이 있음에도 그렇게 하지 않는 사람은 죄인이라 불립니다. 이는 "내가 너희를 위하여 기도하기를 쉬는 죄를 여호와 앞에 결단코 범하지 아니하리라"(삼상 12:23)라는 말씀과 같습니다(Ber. 12b). 또한 "자신도 같은 것이 필요한 상황에서 다른 사람을 위해 기도하는 사람은 먼저 응답받을 것입니다"(B.K. 92a)라는 가르침도 있습니다.

한 랍비는 여행을 시작할 때 다음과 같은 기도문을 드렸습니다. 그 시대에 여행하는 것은 위험하고 예측할 수 없는 일이었습니다. 그는 이렇게 기도하였습니다.

"주 나의 하나님이시여, 저를 평화롭게 인도하시고, 평화롭게 발걸음을 인도하시며, 평화롭게 지켜주시고, 길에서 만나는 모든 적과 매복으로부터 저를 구하여 주시기를 원합니다. 제 손의 일에 축복을 내려주시고, 당신과 저를 보는 모든 이들의 눈에서 은혜와 자비와 긍휼을 얻게 하소서. 기도를 들으시는 주님, 당신을 찬양합니다."

그러나 그의 동료는 이 기도문에 이의를 제기하며 이렇게 말했습니다. 사람은 기도할 때 항상 공동체와 함께해야 합니다. 그러므로 "주 우리 하나님이시여, 우리를 평화롭게 인도하소서"라고 기도해야 합니다(Ber. 29b).

이 가르침이 채택된 이후, 회당 예배에서 1인칭 단수 사용은 매우 드물어졌습니다.

기도의 중요성은 다음과 같은 가르침에서 강조됩니다. 기도는 희생 제물보다 위대하며, 기도는 선행보다 위대합니다. 선행에 있어 우리의 스승 모세보다 더 위대한 사람이 없지만, 그도 오직 기도를 통해서만 응답받았습니다. 이는 "이 일에 대하여 다시는 내게 말하지 말라"(신 3:26)라고 하신 후, 너는 "비스가산 꼭대기로 올라가라"(신 3:27)라고 말씀하신 것과 같습니다(Ber. 32b). 여기서 우리가 찾아낼 수 있는 결론은, 모세의 기도가 그에게 죽기 전에 약속의 땅을 볼 수 있는 허락을 얻게 했다는 것입니다.

진정한 기도는 단순히 입술로 하는 말 이상이어야 합니다. 기도는 마음에서 우러나와야 하며, 사람이 자신의 마음을 손에 담아 올리지 않으면 그의 기도는 들리지 않는다고 가르칩니다. 이는 말씀하신 바와 같이, "우리의 마음을 하늘에 계신 하나님께 손과 함께 들어 올립시다"(애 3:41)라는 가르침에 기초합니다(Taan. 8a). 즉, 우리는 기도할 때 단순히 손만 들어 올리는 것이 아니라, 마음도 함께 들어 올려야 합니다.

탈무드는 기도에 대해 다음과 같이 간결하고 명확한 정의를 제시합니다.

"네 하나님 여호와를 사랑하고 마음을 다하여 그를 섬기라"(신 11:13).
"마음으로 하는 섬김이란 무엇인가? 기도이다"(Taan. 2b).

기도는 경건한 태도로 드려져야 한다는 점이 강조됩니다.
"기도하는 자는 마음을 하늘로 향해야 한다"(Ber. 31a),
"기도할 때는 눈은 아래로, 마음은 위로 향해야 한다"(Yeb. 105b),
기도하는 자는 쉐키나(하나님의 임재)가 자신의 맞은편에 있다고 상상해야 합니다. 말씀하신 바와 같이, "내가 여호와를 항상 내 앞에 모심이여"(시 16:8, Sanh. 22a).

또한, "기도할 때는 누구 앞에 서 있는지 알아야 한다"(Ber. 28b)고 가르칩니다. 그리고 "기도 중에 목소리를 들리게 하는 자는 믿음이 작은 자이며, 기도할 때 목소리를 높이는 자는 거짓 선지자와 같다"(Ber. 24b)는 가르침도 있습니다. 이는 그들이 "큰 소리로 부르짖었던"(왕상 18:28) 바알의 선지자들과 비슷하기 때문입니다.

탈무드에는 이러한 훈계를 잘 보여주는 한 일화가 있습니다.
경건한 사람이 길가에서 기도하고 있을 때, 한 귀족이 지나가며 그에게 인사를 했습니다. 그러나 그 경건한 사람은 응답하지 않았습니다. 귀족은 그가 기도를 마칠 때까지 기다렸고, 기도가 끝난 후에 말했습니다. "이 쓸모없는 자야! 내가 인사했을 때 왜 답하지 않았느냐? 내가 칼로 네 목을 베었다면, 누가 나에게 네 피의 대가를 요구했겠느냐?"

이에 경건한 사람은 대답했습니다. "제가 말로 설명드릴 때까지 기다려 주십시오." 그리고 이렇게 이어 말했습니다. "당신이 인간 왕 앞에 서 있을 때 친구가 당신에게 인사를 했다면, 당신은 그에게 응답했을까요?" 귀족은 "아니오"라고 대답했습니다.

경건한 사람은 말했습니다. "만약 당신이 응답했다면, 그들이 당신에게 어떻게 했을 것 같습니까?" 귀족은 대답했습니다. "칼로 내 목을 베었을 것입니다."

경건한 사람은 말했습니다. "작은 것에서 큰 것으로 논리를 전개해 보십시오. 당신이 오늘 여기 있다가 내일이면 무덤에 들어갈 인간 왕 앞에서 그렇게 행동한다면, 영원히 살아계시고 존재하시는 왕 중의 왕이신 거룩하신 분, 복되신 분 앞에 서 있던 제가 얼마나 더 그래야 하겠습니까? 귀족은 즉시 납득하였고, 경건한 사람은 평화롭게 집으로 돌아갔습니다"(Ber. 32b 이하).

개인의 필요를 표현하는 개인 기도 외에도, 개인이 반드시 참여해야 하는 회중 예배가 있습니다. 이러한 종류의 예배의 중요성은 "사람의 기도는 회당에서 드려질 때만 하나님께 들려진다"(Ber. 6a)라는 선언에서도 강조됩니다.

랍비들은 "만약 어떤 사람이 정기적으로 회당에 참석하는 것을 습관으로 삼았다가 하루 결석하면, 복되신 거룩하신 분께서 그에 대해 문의하신다"고 가르칩니다. 이는 다음과 같은 말씀에 근거한 가르침입니다.
"너희 중에 여호와를 경외하며 그의 종의 목소리를 청종하는 자가 누구냐? 어둠 가운데 행하여 빛이 없는 자라도"(사 50:10).

만약 그의 부재가 종교적 의무를 수행하기 위한 것이라면 그는 빛을 얻을 것이나, 세속적인 일을 보기 위해 간 것이라면 빛이 없을 것입니다. "여호와의 이름을 의지할지어다"(사 50:10). 왜 그에게서 빛이 거부되었는가? 그는 여호와의 이름을 의지해야 했으나 그러지 않았기 때문입니다.

또한, 복되신 거룩하신 분께서 회당에 들어오셔서 정족수를 이루는 열 명을 발견하지 못하시면 즉시 진노하신다고 합니다. 이는 다음 말씀에 근거합니다. "내가 왔을 때 사람이 없었음은 어찌됨이며, 내가 불렀을 때 대답하는 자가 없었음은 어찌됨이냐?"(사 50:2, Ber. 6b).

정족수의 문제는 매우 중요하게 여겨졌습니다. 한 번은 랍비 엘리에제르가 회당에 들어갔다가 열 명을 찾지 못하자, 자신의 노예를 해방시켜 그와 함께 필요한 수를 채웠습니다(Ber. 47b).

회당 예배에 관한 주제에 대해서는 다음과 같이 가르쳐졌습니다. 자신의 마을에 회당이 있음에도 기도하러 들어가지 않는 자는 '악한 이웃'이라 불립니다. 이는 하나님께서 "내 백성 이스라엘로 기업을 삼게 한 것을 건드리는 모든 악한 이웃에 대하여"(렘 12:14)라고 말씀하셨기 때문이며, 더 나아가, 그는 자신과 자녀들에게 유배를 초래하게 됩니다. "보라, 내가 그들을 그들의 땅에서 뽑아내고 유다 족속을 그들 중에서 뽑아내리라"(렘 12:14)라고 말씀하셨기 때문입니다.

팔레스타인 출신의 랍비 요하난에게 바벨론에 노인들이 있다는 소식이 전해지자, 그는 놀라며 말했습니다. "너희의 날과 너희 자녀의 날이 땅에서 많아지리라"(신 11:21)라고 기록되어 있는데, 이는 이스라엘 땅에서는 그렇지만 그 밖에서는 그렇지 않다. 그러나 바벨론의 노인들이 회당에 일찍 오고 늦게 떠난다는 이야기를 듣고, 그는 "그것이 그들이 오래 사는 이유이다"라고 말했습니다. 이는 랍비 여호수아 벤 레비가 그의 아들들에게 말한 것과 같은 가르침입니다.

"회당에 일찍 오고 늦게 떠나라, 그러면 너희 생명이 길어지리라"(Ber. 8a).

한편, "많이 기도하는 자가 응답받을 것"이라고 믿었던 랍비도 있었지만(P. Ber. 7b), 일반적인 견해로는 기도의 길이가 그 효험과는 관계가 없다고 보았습니다.

한 제자가 랍비 엘리에제르 앞에서 법궤 앞에 내려와 기도를 지나치게 길게 드린 적이 있었습니다. 그러자 그의 제자들이 랍비 엘리에제르께 말했습니다. "선생님, 저 사람은 기도를 너무 길게 드리는 것 같습니다."

이에 랍비 엘리에제르가 대답했습니다. "그가 모세 선생보다 더 길게 기도했느냐? 모세는 '사십 일 낮과 밤을 기도했다'고 기록되어 있지 않느냐?"(신 9:25)

또 다른 경우에는, 한 제자가 랍비 엘리에제르 앞에서 법궤 앞에 내려와 기도를 지나치게 짧게 드렸습니다. 그 제자를 본 다른 사람들이 랍비 엘리에제르께 말했습니다. "선생님, 저 사람은 기도를 너무 짧게 드리는 것 같습니다."

그러자 랍비 엘리에제르가 대답했습니다. "그가 모세 선생보다 더 짧게 기도했느냐? 모세는 '하나님이여, 원하건대 그를 고쳐 주옵소서'라고 기도했다고 기록되어 있지 않느냐?"(민 12:13, Ber. 34a)

기도할 때 하나님을 과도하게 찬양하는 것도 어리석은 일임을 우리에게 강조하는 장면이 있습니다. 한 사람이 랍비 하나 앞에서 법궤 앞에 내려와 기도하며 이렇게 말했습니다.

"오 하나님, 위대하시고, 강력하시며, 경외로우시고, 은혜로우시며, 힘있으시고, 두려우시며, 강하시고, 용감하시고, 확실하시며, 영광스러우신 분이십니다."

기도가 끝난 후, 랍비 하나냐는 그에게 말했습니다.
"그 모든 형용사들이 무슨 소용이 있소? 우리가 말하는 '위대하시고, 강력하시고, 경외로우신'이라는 세 가지도 모세 선생께서 토라에서 사용하지 않으셨다면(신 10:17 참조), 그리고 회당 사람들이 예배에서 제정하지 않았다면, 우리는 말할 수 없었을 것이오. 그런데 당신은 계속해서 그 모든 것을 덧붙이고 있소! 비유하자면, 백만 금화를 가진 왕을 사람들이 백만 은화를 가진 자라고 칭찬한다면, 그것은 왕에 대한 모욕이 아니겠소?"(Ber. 33b)

또한, 기도가 응답될 것이라는 기대 속에서 일부러 기도를 길게 드리는 것도 어리석은 일로 비난받습니다. 그러한 희망은 결국 헛된 것이 될 가능성이 크기 때문입니다(Ber. 32b).

랍비들은 하루 세 번의 정해진 예배에 참여하는 행위를 칭찬하였지만, 이러한 예배가 단순히 기계적이고 형식적인 행위로 전락하지 않도록 주의를 기울였습니다. 다음과 같은 지침이 권장되었습니다.
"기도할 때, 기도를 고정된 과제로 여기지 말고, 전지전능하신 하나님 앞에서 자비와 은혜를 구하는 간구로 여겨라"(Abo. 2:18).

탈무드에서는 '케바'(קְבַע)라는 단어의 의미를 다양하게 논의하며 정의하고 있습니다. 예를 들어, "기도가 부담스럽게 느껴지는 사람, 간구하는 언어로 기도하지 않는 사람, 기도문에 새로운 것을 더할 수 없는 사람"을 포함한다고 합니다(Ber. 29b).

또한, 다음과 같은 조언도 기록되어 있습니다.
"마음이 평안하지 않은 사람은 기도하지 말아야 한다"(Erub. 65a).
"사람은 항상 (기도하기 전에) 자신을 점검해야 한다. 만약 그가 자신의 마음을 (하나님께) 향하게 할 수 있다면 기도 하고, 그렇지 않으면 기도하지 말아야 한다"(Ber. 30b).

탈무드의 랍비들 중에는 회당의 의식으로 자리 잡은 여러 기도문의 저자들도 있습니다. 몇 가지 예를 들어보면 다음과 같습니다.
"주 우리 하나님이시여, 우리에게 긴 생명을, 평화로운 생명을, 좋은 생명을, 축복의 생명을, 생계가 있는 생명을, 육체적 활력이 있는 생명을, 죄에 대한 두려움이 있는 생명을, 수치와 비난으로부터 자유로운 생명을, 번영과 명예의 생명을, 토라에 대한 사랑과 하늘에 대한 두려움이 우리에게 달라붙는 생명을, 당신께서 선을 위한 우리 마음의 모든 소망을 이루어주시는 생명을 주시기를 원하나이다"(Ber. 16b).

"나의 하나님, 제가 형성되기 전에는 아무 가치가 없었고, 이제 형성되었지만 형성되지 않은 것과 같습니다. 제 삶에서 저는 먼지이며, 죽음에서는 더욱 그러합니다. 보소서, 저는 당신 앞에 수치와 혼란으로 가득 찬 그릇과 같습니다. 주 나의 하나님이시여, 제가 더 이상 죄를 짓지 않게 하시고, 제가 지은 죄들에 대해서는 고난과 심한 질병으로가 아닌 당신의 풍성한 자비로 정화해 주시기를 바랍니다"(Ber. 17a)

이 기도문은 속죄일에 드리는 죄의 고백으로 자리 잡았습니다.

"오 나의 하나님! 내 혀를 악으로부터 지키시고 내 입술이 간사함을 말하지 않게 하소서. 나를 저주하는 자들에게 내 영혼이 잠잠하게 하시고, 내 영혼이 모든 이에게 티끌과 같게 하소서. 당신의 토라에 내 마음을 열어주시고, 내 영혼이 당신의 계명을 따르게 하소서. 그리고 불행과 악한 충동, 악한 여인과 세상에 닥치는 모든 악으로부터 나를 구하소서. 누군가 나에게 악을 꾀하거든 신속히 그들의 계획을 무효화하시고 그들의 의도를 좌절시키소서. 내 입의 말과 내 마음의 묵상이 나의 반석이시며 구원자이신 주님 앞에 기쁘게 받아들여지기를 바라나이다"(Ber. 17a).

위험한 때에 드리는 짧은 기도는 다음과 같습니다.
"하늘에서 당신의 뜻을 이루시고, 아래에서 당신을 경외하는 자들에게 마음의 평안을 주시며, 당신 보시기에 선한 것을 행하소서. 기도를 들으시는 주님, 당신은 복되시나이다"(Ber. 29b).

정규 예배의 마지막에 랍비는 이렇게 기도했습니다.
"주 나의 하나님, 우리 조상의 하나님이시여, 우리를 향한 미움이 어떤 사람의 마음에도 들어가지 않게 하시고 어떤 사람을 향한 미움이 우리 마음에 들어가지 않게 하시며, 우리를 향한 시기가 어떤 사람의 마음에도 들어가지 않게 하시고 어떤 사람을 향한 시기가 우리 마음에 들어가지 않게 하시기를 바라나이다. 우리의 평생 동안 당신의 토라가 우리의 업이 되게 하시고, 우리의 말이 당신 앞에 간구가 되게 하소서."

이에 다른 랍비가 다음과 같이 덧붙여 말씀하였습니다.
"당신의 이름을 경외함으로 우리의 마음을 하나되게 하시고, 당신이 미워하시는 것으로부터 우리를 멀리 하시며, 당신이 사랑하시는 모든 것에 우리를 가까이 하시고, 당신의 이름을 위하여 우리에게 공의를 행하소서"(P.Ber. 7d).

아침에 깨어날 때 드리는 기도는 이렇습니다.
"죽은 자를 살리시는 주님을 찬양하나이다. 주님, 제가 당신 앞에 죄를 지었나이다. 우리 주 하나님이시여, 당신께서 저에게 선한 마음과 행복한 운명과 선한 성향과 좋은 친구와 좋은 이름과 관대한 눈과 너그러운 영혼과 겸손한 정신을 주시기를 바라나이다. 우리를 통해 당신의 이름이 욕되지 않게 하시고 우리가 동료들 사이에서 조롱거리가 되지 않게 하소서. 우리의 운명이 (죄로 인해) 당신께 끊어지지 않게 하시고, 우리의 희망이 절망으로 변하지 않게 하소서. 우리가 다른 이들의 도움을 필요로 하지 않게 하시고 우리의 생계가 그들에게 의존하지 않게 하소서. 그들의 선물은 작으나 그들이 주는 수치는 크나이다. 당신의 뜻을 행하는 자들과 함께 당신의 토라에 우리의 몫을 두소서. 우리 시대에 속히 당신의 성전과 도시를 재건하소서"(P.Ber. 7d).

마지막으로 다음 기도를 인용할 수 있습니다.
"우리 주 하나님, 우리 조상의 하나님이시여, 우리 마음으로부터 악한 충동의 멍에를 깨뜨리시고 그치게 하시기를 바라나이다. 당신께서는 당신의 뜻을 행하도록 우리를 창조하셨고 그래서 우리는 그렇게 해야 하나이다. 그것이 당신의 바람이며 우리의 바람이기도 하나이다. 그러나 무엇이 우리를 방해하나이까? 반죽 속의 누룩이니이다. 우리가 그것을 저항할 힘이 없음이 당신 앞에 드러나고 알려져 있나이다. 그러므로 우리 주 하나님, 우리 조상의 하나님이시여, 그것을 우리에게서 그치게 하시고 제어하시어 우리가 온전한 마음으로 우리의 뜻처럼 당신의 뜻을 행하게 하소서"(P.Ber. 7d).

이와 같은 예문들은 랍비들이 기도를 단순히 물질적 필요를 청원하는 것 이상으로 여겼음을 분명히 보여줍니다. 그들은 물질적 삶의 요구를 무시하지 않으면서도, 기도를 하나님과 교제를 누리고 인간 본성에서 가장 순수하고 고귀한 것을 발전시키는 도구로 여겼습니다.

기도의 행위는 영혼의 힘을 증가시켜 그것이 삶의 지배적인 힘이 되고 육체를 다스리게 하기 위한 영직 훈련이었습니다.

제 4 장

선과 악의 갈등

제4장

선과 악의 갈등

위에서 인용된 기도문 중 일부에서는 '악한 충동'이 언급되었으며, 이는 사악함으로 이끄는 힘이자 올바른 삶을 방해하는 중대한 장애물로 묘사되었습니다. 이것은 '반죽 속의 누룩'으로 비유되었으며, 인간의 본성 속에서 악한 요소들을 자극하는 발효 성분으로, 억제되지 않으면 더 섬세한 본능을 지배하여 사악한 행동을 초래한다고 설명되었습니다.

모든 인간에게는 두 가지 충동이 있다는 믿음, 즉 하나는 악으로, 다른 하나는 선으로 향한다는 믿음은 랍비 윤리에서 중요한 위치를 차지합니다.

랍비들은 성경 본문에서 이 교리의 근거를 찾아 다음과 같이 설명하였습니다. "여호와 하나님이 사람을 지으셨다"(창 2:7)라고 기록된 말씀에서, '지으셨다'는 단어는 히브리어로 '바이이쩨르'()인데, 두 개의 'י'(요드)로 기록되어 있습니다. "복되시고 거룩하신 분께서 두 가지 충동을 창조하셨으니, 하나는 선하고 다른 하나는 악한 충동입니다"(Ber. 61a).

전도서 9:14절의 우화적 해석에서는 두 가지 충동의 개념이 더 구체적으로 드러납니다.

"작은 성읍이 있었으니 이는 몸을 뜻합니다. 그 안에 사람이 적으니 이는 사지를 뜻합니다. 큰 왕이 와서 성을 에워쌌으니 이는 악한 충동이며, 큰 보루를 쌓았으니 이는 죄를 뜻합니다. 그 성에서 가난하고 지혜로운 사람을 만났으니 이는 선한 충동을 뜻합니다. 그의 지혜로 그 성을 구하였으니 이는 회개와 선행을 뜻합니다. 그러나 그 가난한 자를 기억하는 자가 없었으니 이는 악한 충동이 지배할 때 선한 충동은 잊혀지기 때문입니다"(Ned. 32b).

전도서 4:13절에 대해서도 비슷한 해석이 있습니다. "가난하고 지혜로운 아이가 늙고 어리석은 왕보다 낫다"는 구절에서 상반절은 선한 충동을 가리킵니다. 왜 그것을 아이라고 부르는가? 이는 13세가 되어야 사람이라 칭하기 때문입니다. 왜 가난하다고 하는가? 이는 모든 사람이 그것에 귀 기울이지 않기 때문입니다. 왜 지혜롭다고 하는가? 이는 피조물에게 올바른 길을 가르치기 때문입니다.

하반절은 악한 충동을 가리킵니다. 왜 그것을 왕이라고 부르는가? 이는 모든 사람이 그것에 귀를 기울이기 때문입니다. 왜 그것을 늙었다고 부르는가? 이는 그것이 사람에게 젊음부터 노년까지 붙어 있기 때문입니다. 왜 그것을 어리석다고 부르는가? 이는 그것이 사람에게 잘못된 길을 가르치기 때문입니다 (Eccl. Rabb. 4:13).

이 구절에 따르면 악한 충동은 개인과 함께 태어나지만, 선한 충동은 소년이 자신의 행동에 책임을 지게 되는 13세가 되어야 나타난다고 합니다. 따라서 선한 충동은 도덕적 의식과 동일시됩니다. 이는 다음 구절에서 더 명확하게 표현됩니다.

악한 충동은 선한 충동보다 13년 더 나이가 많습니다. 그것은 사람이 어머니의 자궁에서 나올 때부터 존재하며, 사람과 함께 자라고 평생 그와 함께 합니다. 그것은 안식일을 더럽히고, 살인하고, 부도덕하게 행동하기 시작하지만, 이를 막을 수 있는 것이 없습니다. 그러나 13년이 지난 후 선한 충동이 태어나며, 그가 안식일을 더럽힐 때 선한 충동은 그에게, "쓸모없는 자여! 보라, 이렇게 말씀하셨다. '그것을 더럽히는 지는 반드시 죽임을 당하리라'"(출 31:14)고 경고합니다.

그가 살인을 마음에 품을 때, 그것은 그에게, "쓸모없는 자여! 보라, 이렇게 말씀하셨다. '사람의 피를 흘리면 그 사람의 피도 사람에 의해 흘릴 것이다'"(창 9:6)라고 경고합니다.

그가 부도덕한 행동을 하려 할 때, 그것은 또한 그에게, "쓸모없는 자여! 보라, 이렇게 말씀하셨다. '간음한 남자와 여자는 반드시 죽임을 당하리라'"(레 20:10)고 경고합니다.

사람이 자신의 욕정을 자극하여 부도덕한 일을 하려고 하면, 그의 모든 지체가 그에게 순종합니다. 이는 악한 충동이 인간의 248개의 기관을 다스리는 왕이기 때문입니다. 반대로, 그가 선한 행위를 하려 할 때는 그의 모든 지체가 그로 인해 고통을 겪기 시작합니다. 이는 악한 충동이 그 모든 지체를 다스리는 왕이며, 선한 충동은 감옥 속의 죄수와 같기 때문입니다. 그러므로 성경은 이렇게 말씀합니다.

"그가 왕이 되려고 감옥에서 나왔다"(전 4:14).

이는 선한 충동을 가리키는 말씀입니다(Aboth d' Rabbi Natan, 16장).

인간이 악한 충동을 가지게 되는 정확한 순간에 대해 안토니누스와 랍비 유다가 논의했는데, 그 결과 악한 충동은 출생 시점에 생긴다는 결론에 이르렀습니다.

안토니누스가 랍비 유다에게 물었습니다. "악한 충동이 인간에게 영향을 미치기 시작하는 시점은 언제입니까? 태아가 형성되는 시점입니까, 아니면 출생하는 순간입니까?"

랍비 유다가 대답했습니다. "형성되는 시점부터입니다."

그러자 안토니누스가 반박하며 말했습니다. "그렇다면 태아가 자궁 안에서 발버둥치고 스스로 나와야 하지 않겠습니까? 분명히 그것은 출생 순간부터일 것입니다!"

이에 랍비 유다가 말했습니다. "안토니누스께서는 성경 구절로 입증되는 진리를 내게 가르쳐 주셨습니다. 즉, '죄가 문에 엎드려 있느니라'(창 4:7)는 말씀은 어머니 몸의 개구부(산도; 출산의 문)를 의미합니다"(Sanh. 91b).

한 견해에 따르면, 악한 충동은 인간의 신체 기관 중 하나에 생리학적 위치를 가지고 있다고 합니다.

"악한 충동은 심장의 두 입구 사이에 거주하는 파리와 같습니다. 인간에게는 두 가지 고삐가 있는데, 하나는 선으로 이끌고, 다른 하나는 악으로 이끕니다. 선한 것은 오른쪽에 있고, 악한 것은 왼쪽에 있을 것입니다. '이는 현명한 자의 마음은 그의 오른편에 있고, 어리석은 자의 마음은 그의 왼편에 있다'고 기록되어 있기 때문입니다"(Ecc. 10:2, Ber. 61a).

다른 견해에 따르면, 악한 충동은 기회가 주어질 때 사람을 사로잡는 외부의 힘으로 간주됩니다. 이러한 견해는 사탄과 악한 충동을 동일시하는 가르침과 연결되며, 그것의 작용은 다음과 같이 설명됩니다.

악한 충동은 인도를 따라가지 않고 대로의 중앙을 따라갑니다. 눈으로 훔쳐보고, 머리를 매만지며, 거만하게 걷는 사람을 보면, "이 사람은 내 것이다"(Gen. Rabb. 22:6)라고 말합니다.

그러나 일반적으로 받아들여지는 견해는, 악한 충동이 성적 욕망과 같은 자연적 본능에서 비롯되는 인간의 성향일 뿐이라는 것입니다. 따라서 하나님께서는 선한 것만을 창조하시기 때문에 악한 충동은 본질적으로 나쁜 것이 아니며, 다만 오용될 때만 악으로 간주됩니다.

"하나님이 그가 만드신 모든 것을 보시니, 보라 심히 좋았더라"(Gen. 1:31). 이 구절의 해석에서 우리는 이러한 관점을 명확히 알 수 있습니다. 선한 충동과 악한 충동이 모두 "심히 좋았더라"라는 말씀에 포함된다고 설명됩니다.

어떤 이가 물었습니다. "그러면 악한 충동이 심히 좋다는 것입니까?"
답은 다음과 같습니다. "악한 충동이 없다면, 사람은 집을 짓지도, 아내를 맞이하지도, 자녀를 낳지도, 사업을 하지도 않을 것입니다"(Gen. Rabb. 9:7).

따라서 비록 악한 충동이 잘못된 행동으로 이어질 수 있을지라도, 그것은 인간의 필수적인 속성이며 도덕적 존재로 살아갈 기회를 제공합니다. 악한 충동이 없다면 악을 행할 가능성도 없고, 결과적으로 선의 가치도 사라지기 때문입니다.

탈무드는 다음과 같은 논리적 추론을 제시합니다.
"동물에게는 악한 충동이 없다"(Aboth. d' Rabbi Natan, 16장)는 것은 동물에게 도덕적 감각이 없음을 의미합니다. 같은 맥락에서, "우리 조상들에게 공적을 돌리자. 그들이 죄를 짓지 않았다면, 우리는 이 세상에 오지 못했을 것입니다"(A.Z. 5a)라고 합니다. 여기서 '죄를 지었다'는 표현은 악한 충동의 영향을 받았음을 뜻하며, 이러한 영향이 인류를 보존했기 때문에 그것을 공적으로 묘사합니다.

마찬가지로, "네 마음을 다하여 주 너의 하나님을 사랑하라"(신 6:5)는 말씀은 "선한 충동과 악한 충동, 두 가지 충동으로 하나님을 사랑하라"는 것으로 해석됩니다(Sifr'e Deut. §32, Ber. 73a).

심지어 악한 충동도 하나님을 섬기는 데 사용될 수 있으며, 하나님에 대한 사랑을 보여주는 수단이 될 수 있음을 의미합니다. "악이라고 불리고 인간이 그 유혹에 대해 끊임없이 경고받아야 하는 이유는 그것이 인간을 나쁜 행동으로 유혹하기 때문입니다. 악한 충동은 이 세상에서 인간을 잘못된 길로 이끌고, 내세에서는 그를 고발합니다"(Sukk. 52b).

종종 사람은 자선을 베풀고자 하지만, 그 안의 악한 충동은 그에게 "왜 자선을 베풀어 재산을 줄이려 하는가? 낯선 이들에게 주기보다는 자녀들에게 주어라"라고 말합니다. 하지만 선한 충동은 그에게 자선을 행하도록 촉구합니다(Ex. Rabb. 36:3). 악한 충동은 강력하여, 그것의 창조주 조차도 그것을 '악하다'라고 부르셨습니다.

"사람의 마음의 상상이 어려서부터 악하다"(창 8:21, Kidd. 30b)
또한, "네 안에 이방 신을 두지 말라"(시 81:9)는 말씀에서, '사람의 몸 안에 있는 이방 신'은 악한 충동을 가리킨다고 해석됩니다(Shab. 105b).

악한 충동의 위험과 발전

악한 충동은 초기 단계에서 통제되지 않으면 점점 더 강해질 수 있는 위험을 가지고 있습니다. 탈무드는 이를 다음과 같이 설명합니다.

"악한 충동은 처음에는 거미줄 같지만, 마지막에는 수레 밧줄과 같다"(Sukk. 52a).

"악한 충동은 처음에는 지나가는 사람 같고, 그다음에는 하숙인 같으며, 마지막에는 집주인과 같다"(Sukk. 52b).

"악한 충동은 처음에는 달콤하지만, 마지막에는 쓰다"(P. Shab. 14c).

악한 충동은 점진적으로 인간을 더 큰 죄로 유혹합니다.

"오늘은 사소한 일을 하라고 하고, 내일은 더 심각한 일을 하라고 하며, 결국에는 우상을 섬기라고 하니, 그는 가서 그것들을 섬기게 된다"(Shab. 105b).

이는 마침내 하나님을 섬기는 것이 부과하는 모든 제약을 포기하게 만든다는 의미입니다.

의로운 자와 악한 자의 차이

탈무드는 의로운 자와 악한 자를 다음과 같이 구별합니다.

"악한 자는 그들의 마음(즉, 악한 충동)의 지배를 받지만, 의로운 자는 그들의 마음을 지배한다"(Gen. Rabb. 34:10)고 말하며, 또한, "누가 강한가?"라는 질문에 대해, "자신의 충동을 정복하는 자입니다"(Abo. 4:1)라고 대답한다.

악한 충동과의 싸움

랍비들은 악한 충동의 강력한 힘에 대해 환상을 가지지 않았습니다. "악한 충동은 70세나 심지어 80세에도 사람을 넘어뜨릴 수 있다"고 했습니다(Gen. Rabb. 54:1).

또한, "자신의 탄생 자체가 악한 충동의 작용의 결과인데, 어떻게 사람이 자신 안의 악한 충동으로부터 멀어질 수 있는가?"라고 했습니다(Aboth d' Rabbi Natan, 16장).

그러나 악한 충동은 진지하게 싸워 이겨야 하며, 이를 극복하는 방법으로 다음과 같은 조언이 제시됩니다.
"사람은 항상 선한 충동으로 악한 충동에 맞서야 한다. 만약 이기면 좋고 잘된 것이다. 그렇지 못하다면, 토라 연구에 전념하게 하라. 만약 이것으로도 이기지 못한다면, 밤 기도를 암송하라. 그래도 이기지 못한다면, 죽음의 날을 생각하라"(Ber. 5a).

거룩하신 분, 복되신 그분께서 말씀하시기를, "내 자녀들아, 내가 악한 충동을 창조했으며, 이에 대한 해독제로 토라를 창조했노라. 너희가 토라에 전념한다면, 너희는 그것의 힘에 넘겨지지 않을 것이다"라고 했습니다(Kidd. 30b).
또한, "만약 이 경멸스러운 것이 너희를 만나거든, 그것을 학문의 집으로 끌고 가라"고 하였습니다(Kidd. 30b).

탈무드는 단순히 이상적인 조언에 만족하지 않고 현실적인 상황도 인정합니다. 악한 충동과 싸우지만 실패하는 사람은 다음과 같이 해야 합니다.
"어떤 사람이 자신의 악한 충동이 자신을 지배하려 함을 본다면, 그는 아무도 모르는 곳으로 가서 검은 옷을 입고, 마음이 원하는 대로 하게 하라. 그러나 공개적으로 하나님의 이름을 모독하지는 말라"(Chag. 16a).

이는 은밀히 죄를 짓는 것을 허용하는 것이 아니라, 죄를 통해 신성모독까지 범하지 말라는 경고입니다.

마지막으로, 내세에서는 하나님께서 악한 충동을 완전히 제거하실 것입니다. 내세에서 거룩하신 분, 복되신 그분께서는 악한 충동을 악인들 앞에서 죽이실 것입니다. 의인들에게는 그것이 높은 산처럼 보이고, 악인들에게는 한 가닥의 머리카락처럼 보일 것입니다. 의인들은 울며 외칠 것입니다. "우리가 어떻게 이렇게 높은 산을 정복할 수 있었는가?" 악인들은 울며 외칠 것입니다. "우리가 어떻게 이런 한 가닥의 머리카락도 정복하지 못했는가?"(Sukk. 52a)

제 5 장
자유의지

제5장

자유의지

　악한 충동이 인간 본성의 고유하고 필수 불가결한 부분이라면, 인간은 죄를 지을 수밖에 없는 것이 아닌가에 대한 질문에 대해, 랍비들은 단호히 부정적으로 대답했습니다. 인류의 보존에 필수적인 인간 본성의 그 요소는 인간의 통제 하에 있다는 것입니다.

　만약 당신의 충동이 당신을 경박한 행동으로 이끌려 한다면, 성경의 말씀으로 그것을 물리치십시오. 당신이 그것은 통제가 불가능하다고 말한다면, 나(하나님)는 성경에서 이미 당신에게 선언했습니다.
　"그것의 욕망은 네게 있으나, 너는 그것을 다스릴 수 있느니라"(창 4:7, Gen. Rabb. 22:6).

　요세푸스는 자유의지의 교리가 바리새인들의 특징적인 신념이라고 다음과 같이 기록하였습니다. "그들이 모든 일은 운명에 의해 일어난다고 말할 때, 그들은 인간이 적합하다고 생각하는 대로 행동할 자유를 빼앗지 않습니다. 그들의 관념은 하나님이 운명의 법칙과 인간의 의지를 혼합하기로 결정하셨기에, 인간이 덕스럽게 혹은 악하게 행동할 수 있다는 것입니다"(Antiq. 18:1:3).

탈무드에서도 이 주장은 다음과 같은 구절로 분명하게 증거하고 있습니다. 수태를 담당하는 천사의 이름은 '라일라'입니다. 그는 정자를 가져와 축복받으신 거룩한 자 앞에 놓고 묻습니다.

"우주의 주권자여! 이 한 방울은 어떻게 될 것입니까? 강한 사람이 될 것인가 약한 사람이 될 것인가?, 현명한 사람이 될 것인가 어리석은 사람이 될 것인가?, 부자가 될 것인가 가난한 사람이 될 것인가?" 그러나 "사악하거나 의로운 사람이 될 것인가?"에 대해서는 언급하지 않습니다(Nidd. 16b).

자주 인용되는 격언도 이와 일맥상통하는 것을 알 수 있습니다.
"천국의 경외심을 제외한 모든 것은 하늘의 손에 달려 있습니다"(Ber. 33b).
이는 하나님께서 개인의 운명을 결정하시지만, 그의 삶의 도덕적 성격에 대해서는 개인의 선택에 맡긴다는 뜻입니다.

선택의 책임

선택이 개인에게 맡겨진다는 개념은 다음 구절의 주석에 잘 설명되어 있습니다.
"보라, 내가 오늘 너희 앞에 축복과 저주를 두노라"(신 11:26).

왜 이 말씀이 언급되었는가에 대해, 랍비들은 이미 말씀하신 구절, "보라, 내가 오늘 네 앞에 생명과 선, 그리고 사망과 악을 두었나니"(신 30:15)와 연결하여 설명합니다.

왜냐하면 이스라엘 백성이 다음과 같이 말할 수 있었기 때문입니다.
하나님께서 우리 앞에 두 길, 즉 생명의 길과 사망의 길을 두셨으니, 우리가 좋아하는 길로 걸어갈 수 있습니다. 그래서 토라는, "너와 네 자손이 살기 위하여 생명을 선택하라"(신 30:19)고 가르치며, 선택의 중요성을 강조합니다.

이것은 갈림길에 앉아 있는 사람 앞에 두 갈래 길이 나 있는 비유와 같다고 할 수 있습니다. 하나의 길은 시작이 평탄했으나 끝에는 가시로 가득 찼고, 다른 길은 시작이 가시투성이였으나 끝에는 평탄했습니다.

그는 지나가는 사람들에게 이렇게 경고했습니다.
"당신이 보는 이 길은 시작이 평탄하여 두세 걸음은 편안하게 걸을 수 있지만, 끝에 가면 가시를 만나게 될 것입니다. 또 다른 길은 시작이 가시투성이이나, 두세 걸음 가시를 지나면 끝에는 평탄한 길이 나옵니다."

모세도 이스라엘에게 비슷하게 말했습니다.
"당신들은 악인들이 번영하는 것을 볼 것입니다. 이 세상에서 이삼일 동안 번영하지만, 결국에는 쫓겨날 것입니다. 또한 의인들이 고난받는 것을 보게 될 것입니다. 이 세상에서 이삼일 동안 고통받지만, 결국에는 기뻐할 일이 있을 것입니다"(Sifre Deut. §53; 86a).

마찬가지로, "보라, 사람이 선악을 아는 우리 중 하나같이 되었다"(창 3:22)라는 말씀에 대해, 다음과 같이 말합니다.
"전능하신 이가 그 앞에 두 길, 생명의 길과 죽음의 길을 두셨으나, 그는 스스로 후자의 길을 선택했다"(Gen. Rabb. 21:5).

전 인류의 기원과 관련된 교훈

전 인류가 한 사람에게서 비롯된 이유에 대해 흥미로운 설명이 있습니다.

"의인과 악인 때문입니다. '의인들이 우리는 의로운 조상의 자손이다'라고 말하지 못하게 하고, 악인들이 '우리는 악한 조상의 자손이다'라고 말하지 못하게 하기 위함입니다"(Sanh. 38a).

이 교훈은 의인과 악인 모두 자신의 성품을 결정하는 요인으로 유전적 영향을 주장할 수 없다는 것을 가르칩니다.

자유의지와 신의 예지

랍비들도 자유의지와 관련된 철학적 문제를 인식하고 있었습니다. 그러나 그들은 인간이 자신의 행동을 통제할 수 있는 능력에 대한 믿음을 어떤 식으로든 제한하지 않으려 했습니다. 하나님의 예지와 자유의지 사이의 관계를 해결하려 하지 않았지만, 삶의 실천적 규칙으로 다음과 같은 말씀을 제시하였습니다.

"모든 것은 (하나님에 의해) 예견되지만, 선택의 자유는 주어진다"(Abo. 3:19).

그러나 하나님은 인간이 선이든 악이든 선택을 한 후에는 그가 선택한 길을 계속 갈 수 있도록 기회를 주십니다. 선한 사람은 선하도록 격려받고, 악한 사람은 악한 상태로 남도록 허락됩니다.

"사람이 걷고자 하는 길로 인도함을 받는다"(Makk. 10b).

또한, "자신을 더럽히려 하는 자에게는 문이 열리고, 자신을 정화하려 하는 자에게는 도움이 주어진다"고 가르쳤습니다(Shab. 104a).

랍비들은 더럽힘과 성화에 대해 다음과 같이 가르쳤습니다.

"사람이 자신을 조금 더럽히면, 그들은 그를 많이 더럽히고, 그가 이 아래에서 자신을 더럽히면, 위에서도 그를 더럽히며, 그가 이 세상에서 자신을 더럽히면, 내세에서도 그를 더럽힌다. 사람이 자신을 조금 성화하면, 그들은 그를 많이 성화하고, 그가 이 아래에서 자신을 성화하면, 위에서도 그를 성화하며, 그가 이 세상에서 자신을 성화하면, 내세에서도 그를 성회한다"(Yom. 39a).

또한, "사람이 하나의 계명에 귀 기울이면, 그들은 그로 하여금 많은 계명에 귀 기울이게 한다. 그러나 만약 그가 하나의 계명에 귀 기울이지 않는다면 그는 그로 하여금 많은 계명을 잊게 된다"고 하였습니다(Mechilta to Exo. 15:26, 46a).

인간의 의지가 구속받지 않는다는 확신은 랍비 윤리의 기초로 여겨집니다. 인간의 삶의 본질은 그의 욕망에 의해 형성됩니다. 그는 원한다면 삶의 기회를 오용할 수 있습니다. 그러나 어떤 상황에서도 반드시 그것을 오용해야 한다고 동의하지는 않습니다. 악한 충동이 끊임없이 그를 유혹하지만, 만약 그가 넘어진다면 그 책임은 전적으로 그의 자신에게 있습니다.

제6장

죄와 인간의 한계

제6장
죄와 인간의 한계

탈무드는 다음과 같이 기록합니다.

샴마이 학파와 힐렐 학파가 2년 반 동안 다음 사항을 두고 의견이 나뉘었습니다. 후자는 인간이 창조되지 않았더라면 더 나았을 것이라고 주장했고, 전자는 인간이 창조된 것이 더 낫다고 주장했습니다. 투표 결과, 다수가 인간이 창조되지 않았더라면 더 나았을 것이라고 결정했습니다. 하지만 이미 창조되었으므로, 그로 하여금 자신의 (과거) 행동을 조사하게 하라(Erub. 13b)고 하였습니다.

이 논의의 핵심에는 인간이 본질적으로 죄 많은 피조물이며, 일생 동안 하나님의 심판 받을 많은 행위를 하도록 운명지어져 있다는 공통된 의견이 있었습니다. 우리는 이미 인간의 본성 중 일부가 통제될 수 있는 악한 충동이지만, 너무나 자주 통제력을 잃고 도덕성을 상실하게 된다는 것을 보았습니다.

죄 없는 삶에 대한 논의

"어떤 사람이 완벽하게 죄 없이 살 수 있는가?" 라는 질문에 대해, 랍비 문헌은 다음과 같은 상반된 답변을 제시합니다.

어떤 랍비가 말했습니다.

"최초의 족장들은 불의나 죄의 흔적이 없었다"(Mechilta to Exo. 16:10, 48a).

그러나 다른 랍비는 다음과 같이 말합니다.

"만약 복되시고 거룩하신 분께서 아브라함, 이삭, 야곱을 심판하셨다면, 그들은 책망을 견디지 못했을 것이다"(Arak. 17a).

또한, 다음과 같은 구절도 있습니다.

"네 사람만이 (하와를 유혹한) 뱀의 조언으로 인해 죽었다. 그들은 야곱의 아들 베냐민, 모세의 아버지 아므람, 다윗의 아버지 이새, 그리고 다윗의 아들 길르압이다"(Shab. 55b).

이는 그들이 죄가 없었으므로 죽음을 겪지 않았어야 했다는 의미로 해석될 수 있습니다.

이와 반대되는 견해로, 한 랍비는 제자들이 그의 삶이 죄 없이 보내졌다고 확신시켰을 때, 다음 구절을 인용하며 반박했습니다.

"선을 행하고 전혀 죄를 짓지 않는 의인은 세상에 없다"(전 7:20, 왕상 8:46, Sanh. 101a).

에덴동산에서의 죄가 이후 모든 세대에 영향을 미쳤다는 것은 이미 입증되었습니다. 이는 모든 생명체의 운명인 죽음의 직접적인 원인이 되었습니다. 마찬가지로, 랍비들은 금송아지 우상의 죄도 이후 인류의 운명에 영향을 미치며 오점을 남겼다고 믿었습니다.

"금송아지 우상의 죄로부터 완전히 벗어난 세대는 없다"(P. Taan. 68c).

그러나 이러한 생각은 인간이 죄를 물려받는다는 교리와는 거리가 멉니다. 인간은 선조들의 잘못된 행동의 결과로 부담을 질 수 있지만, 탈무드 시대의 어떤 랍비도 개인이 자신이 직접 책임지지 않은 잘못을 저질렀다고 인정하지 않았습니다. 그러한 인정은 자유의지의 교리와 배치되었기 때문입니다.

인간의 본래 상태와 죄

탈무드에서는 인간이 본래 죄가 없다는 것을 증명하는 많은 말씀을 찾을 수 있습니다. 예를 들어, "죄를 맛보지 않은 한 살배기 아이"라는 구절이 있습니다(Yom. 22b).

전도서의 말씀에 있는 "태어날 때가 있고 죽을 때가 있다"(전 3:2)를 근거로 다음과 같은 염원이 기록되어 있습니다.

"죽음의 시간이 태어난 시간과 같은 사람은 행복하다. 태어날 때 죄가 없듯이 죽을 때도 죄가 없기를"(P. Ber. 4d).

이 말씀에서는 흠 없는 삶의 가능성이 인정될 뿐만 아니라, 실제로 인간이 추구해야 할 이상으로 제시됩니다. 또한, "흙은 여전히 땅으로 돌아가고 영은 그것을 주신 하나님께로 돌아가리라"(전 12:7)는 구절에서도 비슷한 권고가 나옵니다.

"그분이 주신 그대로 순수한 상태로 그분께 돌려드리라"(Shab. 152b).

죄와 덕에 대한 랍비적 관점

랍비의 관점에서 죄는 하나님에 대한 반역 이상도 이하도 아닙니다. 하나님께서는 토라에서 그의 뜻을 계시하셨고, 그 계명들 중 어느 하나라도 거스르는 것이 바로 범죄입니다. 덕은 토라를 따르는 것이고, 죄는 이를 무시하는 것입니다.

이러한 태도는 다음 구절에서 분명하게 가르치고 있습니다.
"사람은 '나는 돼지고기를 먹을 수 없다, 나는 근친상간을 할 수 없다'라고 말해서는 안 됩니다. 오히려 이렇게 말해야 합니다. '나는 그러한 행위를 할 수 있다. 하지만 하늘에 계신 나의 아버지께서 나를 위해 그렇게 정하셨으니, 내가 어찌하겠는가?'"(Sifra Lev. 20:26).

공덕은 금지된 것에 대한 욕망이 없어서 자제하는 것에 있지 않습니다. 욕망은 존재 하지만, 그것이 금지되었기 때문에 억제되어야 합니다.

죄의 분류와 중대성

이론적으로 모든 죄는 하나님의 뜻에 대한 반항 행위로 간주되므로, 죄의 심각성에는 차이가 없다고 볼 수 있습니다. 그러나 실제로는 죄의 중대성을 구분하였습니다. 특히, 세 가지 중대한 대죄가 인정되었습니다.

2세기 초, 하드리아누스 황제의 박해 시기에 로마 제국의 폭정은 유대인의 종교적 자유를 제한하며 사형의 위협을 가했습니다. 이 시기에 랍비 공의회가 소집되어, 그러한 압박 속에서 유대인의 종교적 의무가 무엇인지 논의하였다고 전해집니다. 그 공의회의 결론은 다음과 같았습니다.
"토라에 언급된 모든 금지사항과 관련하여, 누군가가 위반하지 않으면 죽이겠다고 위협받을 경우, 우상숭배, 부정, 살인을 제외하고는 위반하여 목숨을 구할 수 있다"(Sanh. 74a).

즉, 이 세 가지 죄를 범하느니 차라리 목숨을 버려야 한다는 결론에 이르렀습니다. 이 세 가지 죄 외에도, 네 번째로 중대한 범죄로 비방이 추가되었습니다.
"이 세상에서 처벌을 받고도 그 죄의 본질이 내세까지 남는 네 가지 범죄가 있다. 그것들은 우상숭배, 부정, 살인, 그리고 비방이다"(P. Pea. 15d).

각 죄의 심각성은 다음과 같은 성경 구절에서 유래되었습니다.

1) 우상숭배

"그 영혼이 완전히 끊어질 것이요, 그 죄악이 그 안에 있으리라"(민 15:31).

여기서 '그 죄악이 그 안에 있으리라'는 말씀은 죄를 범한 자의 영혼이 이 세상에서 끊어질 뿐 아니라, 내세에서도 그 죄악이 남아 있을 것임을 가르칩니다.

2) 부정

"내가 어찌 이 큰 악을 행하여 하나님께 죄를 지으리이까?"(창 39:9)

3) 살인

"가인이 여호와께 아뢰되, 내 죄벌이 너무 중하여 감당할 수 없나이다"(창 4:13).

4) 비방

"여호와께서 아첨하는 모든 입술과 자랑하는 말을 하는 혀를 끊으시리라"(시 12:3).

우상숭배의 심각성

탈무드에서는 이러한 죄의 심각성을 자주 언급합니다. 특히 우상숭배는 계시의 부정을 수반하며, 결과적으로 종교와 윤리의 전체 체계를 무너뜨리기 때문에 가장 심각한 죄로 여겨졌습니다.

"우상숭배를 인정하는 자는 십계명과 모세, 예언자들, 족장들에게 주어진 계율들도 부정하는 것이며, 우상숭배를 거부하는 자는 토라 전체를 인정하는 것이다"(Sifre Num. §111;32a).

또한, 예언자가 토라의 계명을 위반하도록 명령할 경우, 우상숭배와 관련된 명령만은 예외로 하며 절대 들어서는 안 된다고 가르칩니다.

"그가 하늘 한가운데서 태양을 멈추게 할 수 있다 하더라도, 그의 말을 듣지 말라"(Sanh. 90a).

성도덕에 대한 엄격한 기준

탈무드는 가장 엄격한 성도덕의 기준을 요구합니다. 간음하는 자가 실질적으로 무신론자라는 것은 다음 말씀에서 추론됩니다.

"간음하는 자의 눈은 황혼을 기다리며 말하기를, 아무 눈도 나를 보지 못하리라"(욥 24:15).

랍비들은 이를 다음과 같이 해석했습니다.

그는 "아무도 나를 보지 못하리라" 하지 않고, "아무 눈도 나를 보지 못하리라"고 말하니, 이는 아래에 있는 사람의 눈이나 위에 계신 하나님의 눈을 모두 의미한다(Num. Rabb. 9:1).

심지어 눈으로 음욕을 품는 것조차도 부정한 행위로 간주되었습니다.

"육체로 죄를 짓는 자만이 간음하는 자로 불리는 것이 아니라, 눈으로 죄를 짓는 자도 그렇게 불린다"(Lev. Rabb. 23:12).

남자는 자신의 정욕을 자극할 수 있는 모든 것을 피하라는 엄격한 명령을 받았습니다. 이는 여자들과 많은 잡담을 하지 말라는 권고로 이어졌습니다. 이는 자신의 아내에게도 적용되며, 하물며 이웃의 아내에게는 더욱 그러합니다.

"여자들과 많은 잡담을 하는 자는 자신에게 해를 끼치고, 성경 공부를 소홀히 하며, 결국에는 게힌놈(지옥)을 상속받게 될 것이다"(Abo. 1:5).

"남자는 길에서 절대로 여자의 뒤를 따라 걸어서는 안되며, 자신의 아내일지라도 마찬가지이다. 다리에서 여자를 만나면 옆으로 비켜가게 해야 하고, 여자의 뒤에서 시냇물을 건너는 자는 내세에서 몫이 없을 것이다. 여자를 바라보기 위해 자신의 손에서 그녀의 손으로 돈을 세어주는 자는, 비록 우리의 스승 모세와 같은 토라와 선행을 가졌다 하더라도 게힌놈의 형벌을 피하지 못할 것이다. 사자의 뒤를 따르는 것이 여자의 뒤를 따르는 것보다 낫다"(Ber. 61a).

또한, "농담과 경박함은 사람을 음란으로 이끈다"(Abo. 3:17).

음란한 말 역시 엄격히 비난받았습니다.

"음란한 언어를 사용하는 자는 70년 동안의 호의적인 판결이 있더라도 불리한 것으로 바뀔 것이다. 음란한 언어를 사용하는 자에게는 게힌놈이 더 깊어지며, 이는 항의하지 않고 그러한 말을 듣는 자에게도 적용된다"(Shab. 33a).

랍비들은 부적절한 말을 듣는 것에 대해 이렇게 가르쳤습니다.
"왜 손가락은 못처럼 뾰족한가? 부적절한 것을 들을 때 귀에 넣을 수 있도록 하기 위해서다"(Ket. 5b).

살인의 죄와 그 심각성

살인은 하나님의 형상대로 창조된 자를 파괴하는 행위이므로 하나님에 대한 죄로 간주됩니다. 십계명은 두 단으로 나뉘어 똑같은 돌판 두 개가 주어졌습니다. 돌판 한 면에는 "나는 네 하나님 여호와니라"가 새겨져 있었고, 그 다른 면에는 "살인하지 말라"가 있었습니다.

랍비들은 이것을 "만약 누군가가 피를 흘리면, 성경은 그가 왕의 형상을 손상시킨 것으로 간주한다"(Mechilta to Exo. 20:17, 70b)고 해석하였습니다.

탈무드에는 다음과 같은 일화도 기록되어 있습니다.
한 사람이 랍비 앞에 와서 말했습니다. "우리 도시의 통치자가 나에게 어떤 사람을 죽이라고 명령했는데, 내가 거절하면 나를 죽일 것입니다."
랍비가 그에게 "죽임을 당하더라도 죽이지 말라. 네 피가 그의 피보다 더 붉다고 생각하느냐? 어쩌면 그의 피가 네 피보다 더 붉을 수도 있다"(Pes. 25b)고 대답하였습니다.

또한 특정 상황에서 살인은 정당화되었습니다.
"누군가가 당신을 죽이러 온다면, 먼저 그를 죽여라"(Sanh. 72a).

또한, 다음과 같은 상황이 논의되기도 하였습니다.
만약 사람들의 무리가 있고(즉, 이스라엘 사람들), 이방인들이 그들에게 "우리가 죽일 수 있도록 당신들 중 한 명을 넘겨주시오. 그렇지 않으면 당신들 모두를 죽이겠소"라고 말한다면, 그들은 한 명을 넘겨주기보다는 모두 죽음을 당해야 합니다. 그러나 이방인들이 특정 개인을 지목한다면, 그들은 그를 넘겨

주어야 합니다. 그와 그들 모두가 죽임을 당할 것이기 때문에, 모두가 죽음을 당하는 대신 그를 넘겨주는 것이 옳습니다(Tosefta Ter. 7:20).

증오에 대한 비난

증오는 살인으로 이어질 수 있기 때문에 매우 심각하게 비난받습니다.

"무분별한 증오는 우상숭배, 성적인 부도덕, 살인이라는 세 가지 죄악과 동등하며, 제 2성전 파괴의 원인이었다"(Yom. 96).

"네 마음에 형제를 미워하지 말라"(Lev. 19:17).

이 계명은 다음과 같이 해석되었습니다.

"때리거나 저주하지 않는 것으로 충분하다고 생각할 수 있습니다. 그러나 본문에 '네 마음에'라는 말을 덧붙임으로써, 이는 마음속의 증오를 의미한다는 것을 말합니다"(Arak. 16b).

하나님께서 증오를 얼마나 혐오하시는지는 다음과 같은 가르침에서 잘 드러납니다.

"바벨탑 건축자들이 서로를 사랑했기 때문에, 복되시고 거룩하신 분께서는 그들을 세상에서 멸망시키기를 원치 않으시고, 모든 방향으로 흩으셨습니다. 그러나 소돔 사람들은 서로를 미워했기 때문에, 복되시고 거룩하신 분께서는 그들을 이 세상과 오는 세상에서 모두 말살하셨습니다"(Aboth d' Rabbi Natan 12).

비방에 대한 경고

네 번째로 중대한 죄는 비방입니다. 이 악덕을 나타내기 위해 '세 번째 혀'라는 흥미로운 표현이 사용되었습니다. 이는 말하는 사람, 말을 듣는 사람, 그리고 말의 대상이 되는 사람, 이렇게 세 사람을 죽이기 때문에 그렇게 불렸습니다(Arak. 15b).

이 죄를 저지른 사람에 대해서는 다음과 같이 강력한 언어로 비난합니다.
"비방하는 자는 근본 원칙(즉, 하나님의 존재)을 부정하는 것과 같다. 비방하는 자는 돌로 쳐 죽임을 당할 만하다. 거룩하신 분, 복 받으실 분께서는 그러한 사람에 대해 '나와 그는 세상에서 함께 살 수 없다'고 말씀하신다. 비방하는 자는 우상숭배, 성적인 부도덕, 살인이라는 세 가지 죄악에 맞먹는 죄를 저지르는 것이다"(Arak. 15b).

또한, 다음과 같은 말도 있습니다.
"비방을 퍼뜨리는 자, 이를 받아들이는 자, 그리고 동료에 대해 거짓 증언하는 자는 개들에게 던져질 만하다"(Pes. 118a).

랍비 엘리에제르의 격언인 "이웃의 명예를 자신의 명예처럼 소중히 여기라"(Abo. 2:15)는 다음과 같이 확장되었습니다.
"사람이 자신의 명예를 소중히 여기는 것처럼, 이웃의 명예도 그렇게 소중히 여겨야 합니다. 누구도 자신의 평판이 비방당하기를 원하지 않듯이, 이웃의 평판을 비방해서는 안 됩니다"(Aboth. d' Rabbi Natan 15).

말의 은사를 오용하는 것은 종종 경고의 대상이 됩니다. 랍비들은 혀가 얼마나 제멋대로인 기관인지를 깊이 이해하고, 이러한 이유로 하나님께서 특별한 통제 장치를 마련하셨다고 선언하였습니다.

거룩하신 분, 복되신 그분께서 혀에게 말씀하시기를, "사람의 모든 지체는 곧게 서 있으나 너는 수평으로 놓여 있고, 그들은 모두 몸 밖에 있으나 너는 안에 있다. 더욱이 나는 너를 두 개의 벽으로 둘러싸니, 하나는 뼈로, 다른 하나는 살로 둘러쌌다"(Arak. 15b).

지나친 말하기는 비난받는 행위입니다. "말은 은이요, 침묵은 금이다"라는 격언은 탈무드에서도 그와 유사한 가르침을 찾을 수 있습니다.

예를 들어, "한 마디 말은 한 셀라의 가치가 있으나, 침묵은 두 셀라의 가치가 있다"(Megillah 18a).

"침묵은 모든 질병의 치료제다"(Megillah 18a).

"침묵은 현자에게 좋으며, 어리석은 자에게는 더욱 그러하다"(Pes. 99a).

"내 평생 현자들 사이에서 자랐으나 침묵보다 더 나은 것을 발견하지 못했다"(Abo. 1:17).

거짓말은 도둑질과 같으며, 그 중에서도 가장 심각한 형태로 간주됩니다.

"일곱 종류의 도둑이 있는데, 그 중 첫째는 거짓말로 타인의 마음을 훔치는 자이다"(Tosefta B.K. 7:8).

또한 "거짓말쟁이는 쉐키나의 임재를 받을 수 없다"(Sot. 42a)고 기록되어 있으며, 이 점에서 거짓말쟁이는 조롱하는 자, 위선자, 중상모략하는 자들과 연관됩니다.

"말에서 애매 모호함을 보이는 자는 우상을 숭배하는 것과 같다"(Sanh. 92a).

"거룩하신 분, 복되신 그분께서는 입으로는 한 말을 하고 마음으로는 다른 것을 품는 자를 미워하신다"(Pes. 113b).

"거짓말쟁이의 벌은 진실을 말할 때조차 믿음을 받지 못하는 것이다"(Sanh. 89b)라고 가르칩니다.

더 나아가, "사람은 아이에게조차 무언가를 주겠다고 약속한 후 그 약속을 지키지 않아서는 안 된다. 그렇게 함으로써 아이에게 거짓말을 가르치기 때문이다"(Sukk. 46b)라고 경고합니다.

위선의 죄 또한 언어의 오용과 밀접하게 관련되어 있습니다.
"위선이 있는 모든 사람은 세상에 분노를 가져오며, 그의 기도는 응답되지 않으며, 심지어 어머니의 태중에 있는 태아들로부터도 저주를 받고, 게힌놈에 떨어질 것이다. 위선에 중독된 공동체는 부정한 것처럼 혐오스러우며 추방될 것이다"(Sot. 41b 이하)라고 기록되어 있습니다.

탈무드는 바리새인을 일곱 부류로 나누며, 위선적인 경향을 보이는 자들을 풍자합니다.
"세겜처럼 행동하는 '시크미 바리새인', 발을 서로 부딪치는 '니크피 바리새인', 벽에 피를 흘리게 하는 '키자이 바리새인', 절구공이처럼 고개를 숙이고 다니는 '절구 바리새인', 내가 해야 할 의무가 무엇인지를 항상 외치는 바리새인, 하나님을 사랑해서 된 바리새인, 두려워서 된 바리새인"(Sot. 22b)등 입니다.

정직하지 않음에 대해서도 탈무드는 매우 엄격한 가르침을 제시합니다. 이 주제에 대한 대담한 가르침은 인간이 자신의 삶에 대한 설명을 위해 천상의 법정에 서게될 때, 가장 먼저 던져지는 질문이 "너는 사업 거래에서 정직했느냐?"(Shab. 31a)라는 것입니다.

또한 탈무드는, "자기 이웃의 파딩(farthing: 1/960 파운드) 가치의 것이라도 훔치는 자는 그의 생명을 빼앗은 것과 같다"(B.K. 119a)고 선언합니다.

탈무드는 대홍수 시대의 사람들에 대한 예를 통해 강도짓의 심각성을 강조합니다.

"와서 보라, 강도짓의 힘이 얼마나 심각한지를! 대홍수 시대의 사람들은 모든 종류의 죄를 저질렀지만, 그들이 강도짓에 손을 대기 전까지는 그들의 운명이 봉인되지 않았다."

그러나 성경은, "땅이 그들로 인해 폭력으로 가득 찼으니, 내가 그들을 땅과 함께 멸하리라"(창 6:13, Sanh. 108a)라고 기록하고 있습니다.

또한, "강도질로 손을 더럽힌 자는 거룩하신 분, 복되신 그분을 부를 수 있으나, 그분은 응답하지 않으실 것이다"(She. Rabb. 22:3)라고 경고합니다.

도둑질에 대한 또 다른 비유로, 탈무드는 다음과 같은 예를 듭니다.
"어떤 사람이 밀 한 되를 훔치고, 갈고, 반죽하고, 구워서, 빵을 상에 올렸다고 하자. 그는 어떤 축복을 해야 하는가? 그런 사람은 전혀 축복할 수 없으며, 그것은 신성모독이다"(B.K. 94a).

또한, "도둑의 동료는 도둑과 같다"(P. Sanh. 19b), "도둑에게서 훔치는 것도 그것을 맛보는 것이다"(Ber. 5b)라고 하여, 그것 또한 도둑질임을 지적합니다.

속담을 인용하며, 장물아비가 도둑보다 더 나쁘다고 표현하기도 합니다. "쥐가 도둑이 아니라 구멍이 도둑이다. 쥐가 없다면 구멍이 무슨 소용이 있겠는가?"(Arak. 30a)라는 말은 도둑질을 가능하게 하는 환경이나 조력자들의 책임을 강조합니다.

 탈무드는 이러한 가르침들을 통해, 동료 인간에게 저지른 잘못이 신에 대한 죄와 밀접하게 연결되어 있음을 분명히 합니다. 이는 인간과 창조주 사이의 관계에만 영향을 미치는 계율을 어기는 것보다 더 심각하며, 용서를 받기 위해서는 더 엄격한 조건이 요구되었습니다.

 "속죄일은 인간과 전능하신 분 사이의 죄를 속죄하지만, 인간과 그의 동료 사이의 죄에 대해서는 그가 동료에게 만족을 줄 때까지 속죄일이 속죄를 가져오지 않는다"(Yom. 8:9)라는 가르침은 이를 잘 보여줍니다.

 따라서, 후회와 참회만으로는 충분하지 않으며, 피해를 입은 사람에게 보상을 해야만 참된 속죄가 가능하다는 점을 강조합니다.

 모든 죄 중에서 가장 큰 죄는 다른 사람으로 하여금 죄를 짓게 만드는 것입니다. 탈무드는 이를 다음과 같이 설명합니다.
 "다른 사람을 죄짓게 하는 것은 그를 죽이는 것보다 더 나쁘다. 왜냐하면 사람을 살해하는 것은 단지 그를 이 세상에서 제거하는 것이지만, 그를 죄짓게 하는 것은 내세에서도 그를 배제하는 것이기 때문이다"(Sifra Deut. §252;120a).

 또한, "먹거나 마시거나 냄새를 맡을 수 없는 나무와 관련하여, 토라는 우상 숭배에 사용될 때 그것들을 태우라고 명령합니다"(신 12:3). 이는 그것들을 통해 사람들이 넘어지게 되기 때문입니다. "그렇다면 자신의 동료를 생명의 길에서 죽음의 길로 방황하게 만드는 사람은 얼마나 더 멸망받아 마땅한가!"(Sanh. 55a)라고 기록되어 있습니다.

반대로, "자신의 동료가 계명을 수행하도록 돕는 사람은 마치 그가 직접 계명을 행한 것처럼 인정받는다"(Sanh. 55a)는 가르침도 있습니다.

은밀하게 죄를 짓는 것과 공개적으로 죄를 짓는 것 사이에는 중요한 구별이 있습니다. 한 관점에서는 은밀하게 죄를 짓는 것이 더 심각하다고 보는데, 이는 사실상 하나님의 존재와 편재성을 부정하는 행위로 간주되기 때문입니다.

"죄를 짓는 자들의 방식이 그러하니, 그들은 거룩하신 분, 복되신 분께서 그들의 행위를 보지 않는다고 생각한다"(Bemid. Rabb. 9:1)라고 기록되어 있으며, 또한 "사람이 비밀리에 죄를 지으면, 하나님께서 그것을 공개적으로 선포하실 것이다"(Sot. 3a)는 경고도 주어졌습니다.

다른 관점에서는 공개적으로 죄를 짓는 것이 더 극악한 범죄로 간주됩니다. 이는 "너희는 내 규례와 법도를 지키라. 사람이 이를 행하면 그로 말미암아 살리라"(레 18:5)라는 구절을 해석한 내용에서 알 수 있습니다.

여기서 '그로 말미암아 살리라'는 계명은 인간의 생명을 위해 계명이 준수되어야 함을 의미하지만, 공개적으로 죄를 짓는 것은 예외로 간주됩니다.

랍비 이스마엘은 "사람이 생명을 구하기 위해 은밀히 우상을 숭배하라는 명령을 받으면 그렇게 할 수 있다"고 설명하면서도, 공개적으로 우상을 숭배하는 것은 "너희는 내 거룩한 이름을 욕되게 하지 말라"(레 22:32)는 말씀으로 금지된다고 가르칩니다(Sifra Lev. 22:32).

특히, 공개적인 위반이 더 심각하게 다뤄지는 이유는 그가 공동체에서 영향력이 있는 사람일 경우, 다른 이들이 그의 행동을 본받아 죄를 지을 가능성이 있기 때문입니다. 은밀한 잘못은 하나님께서 이해하시는 범위 내에서 판단될 수 있지만, 공개적으로 잘못을 행하는 것은 '이름의 모독'을 수반하며, 다른 이들을 죄짓게 하는 최악의 범죄로 이어집니다. 이는 초기 단계에서 제어되지 않은 죄가 얼마나 큰 결과를 초래할 수 있는지 보여줍니다. 이러한 가르침은 우리가 악한 충동과 죄를 초기에 통제해야 할 필요성을 다시금 강조합니다.

악한 충동과 마찬가지로, 죄는 초기 단계에서 제어되어야 하며 그렇지 않으면 확고한 습관으로 자리잡게 됩니다. 탈무드는 "사람이 죄를 짓고 그것을 반복하면, 그것은 그에게 허용된 것으로 여겨진다"(Yom. 86b)라고 가르칩니다. 이 말에는 인간 심리에 대한 깊은 통찰이 담겨 있습니다.

또한, 하나의 죄는 다른 죄로 이어집니다. "가벼운 계명이라도 행하기 위해 달려가고 죄를 피하라. 계명은 계명을 이끌고, 죄는 죄를 이끌기 때문이다. 계명의 보상은 계명이고, 죄의 보상은 죄이다"(Abo. 4:2)라는 탈무드의 가르침이 이를 잘 보여줍니다.

이 사상은 더욱 자세히 표현됩니다. 가벼운 계명을 어기는 자는 결국 중대한 계명을 어기게 될 것입니다.

예를 들어, "네 이웃을 네 자신과 같이 사랑하라"(레 19:18)는 계명을 어기는 자는 결국 "네 마음에 형제를 미워하지 말라"(레 19:17절)를 어기게 되고, 그 다음에는 "원수를 갚지 말고 원한을 품지 말라"(레 19:18절)는 계명을 어기게 되며, 마지막에는 "네 형제가 너와 함께 살게 하라"(레 25:36)는 계명을 어기게 되어 결국 피를 흘리게 될 것이다(Sifre Deut. §187; 108b)라고 설명합니다.

또한, "하나의 계명을 그 자체를 위해 행하는 자는 그것을 기뻐하지 말라.

그것은 결국 많은 계명의 이행으로 이어질 것이기 때문이다. 그리고 하나의 죄를 짓는 자는 그것을 걱정하지 말라. 그것은 많은 죄의 이행으로 이어질 것이기 때문이다"(Sifre Num. §112; 33a)라는 가르침도 있습니다.

반대의 경우도 마찬가지입니다. "죄가 사람에게 첫 번째와 두 번째 찾아왔을 때 죄를 짓지 않으면, 그는 그 죄로부터 면역이 된다"(Yom. 38b)라는 가르침은 죄에 대한 초기 단계에서의 자제가 얼마나 중요한지를 보여줍니다.

잘못된 행동은 종종 자제력의 상실로 인해 발생합니다. 탈무드는 이를 가리켜 "사람이 미친 정신에 사로잡히지 않으면 죄를 짓지 않는다"(Sot. 3a)고 가르칩니다. 따라서 통제력을 약화시키는 모든 것을 피해야 합니다.

엘리야가 한 랍비에게 전했다고 하는 조언은 두 가지 원인을 제시합니다.
"분노하지 말라, 그러면 죄를 짓지 않을 것이다."
"취하지 말라, 그러면 죄를 짓지 않을 것이다"(Ber. 29b).

죄를 피하기 위한 중요한 안전장치는 랍비 유다와 그의 아들 가말리엘이 제시한 가르침에 잘 나타납니다.

랍비 유다는 이렇게 말했습니다.
"세 가지를 생각하면 죄의 힘에 빠지지 않을 것이다."
"너 위에 있는 것을 알라. 보는 눈, 듣는 귀, 그리고 네 모든 행위가 책에 기록된다는 것을 알라"(Abo. 2:1).

그의 아들 가말리엘은 이렇게 말했습니다.
"세속적 직업과 함께하는 토라 연구는 훌륭한 것이니, 이 둘이 요구하는 노동이 죄를 잊게 만든다. 일 없이 토라만 연구하는 것은 결국 헛되며 죄의 원인이 된다"(Abo. 2:1).

　이 가르침은 올바른 삶을 위한 랍비의 철학을 요약합니다. 건전한 생각으로 마음을 채우고 정직한 노동으로 손을 바쁘게 하십시오. 그렇게 한다면 죄를 지을 시간도, 죄를 지을 의향도 없을 것입니다.

제 7 장

회개와 속죄

제7장

회개와 속죄

하나님께서 인간을 악한 충동과 함께 창조하셨고, 이로 인해 인간이 죄를 짓기 쉬운 존재가 되었기 때문에, 하나님의 정의는 인간 구원을 위한 해독제를 마련하시게 했습니다. 만약 사악함이 인간이 걸리기 쉬운 질병이라면, 이에 대한 치유의 수단 역시 필요했습니다. 이러한 치유는 바로 회개에서 찾을 수 있습니다.

따라서 매우 논리적으로, 랍비들은 회개가 세상이 형성되기 전에 하나님께서 계획하신 것들 중 하나라고 선언하였습니다.

"일곱 가지가 우주가 존재하기 전에 창조되었다. 그것들은 토라, 회개, 낙원, 게힌놈, 영광의 보좌, 성소, 그리고 메시아의 이름이다"(Pes. 54a).

인간의 거처로 창조된 세상은 인간을 맞이할 준비가 되어 있어야 했습니다. 성경은 인간이 따라야 할 올바른 삶의 계획을 제시했습니다. 그러나 완벽한 길에서 벗어날 때를 대비해, 실수를 바로잡을 수 있는 여지가 필요했고, 이는 열거된 다른 것들, 특히 회개를 통해 이루어졌습니다.

회개는 특별히 가장 중요한 위치에 배치됩니다. 이는 회개 없이는 인류가 악의 홍수에 압도되어 견딜 수 없기 때문입니다. 회개는 단순히 악의 물결을 막는 힘일 뿐만 아니라, 잘못된 행동으로 오염된 삶을 정화하고 건전하게 만드는 능력을 가지고 있습니다.

"회개는 위대하니, 영광의 왕좌에까지 이르기 때문이다.

회개는 위대하니, 구원(메시아에 의한)을 가까이 오게 하기 때문이다.

회개는 위대하니, 인간의 생명을 연장시키기 때문이다"(Yom. 86a 이하).

또 다른 문헌들이 가르치는 회개를 살펴보면 회개는 정말 값지다는 것을 알 수 있습니다.

"회개한 자들이 차지하는 자리는 완전히 의로운 자들도 차지할 수 없다"(Ber. 34b).

"회개보다 더 큰 것은 없다"(Deut. Rabb. 2:24).

"이 세상에서의 한 시간의 회개와 선행이 내세의 전체 삶보다 낫다"(Abo. 4:22).

"하나님께서는 악인의 죽음을 기뻐하지 않으시며, 그가 악한 길에서 돌이켜 살기를 원하신다"(겔 33:11).

하나님은 인간이 회개하기를 바라시며, 그 노력을 도우십니다.

"거룩하신 분, 복되신 분의 속성은 인간의 속성과 다릅니다. 인간은 정복당할 때 슬퍼하지만, 하나님께서는 정복당하실 때 기뻐하십니다. 에스겔서의 "그들의 날개 아래에는 사람의 손이 있더라"(겔 1:8)는 말씀은 생물들의 날개 아래에 심판의 권세로부터 회개하는 자들을 받아들이시는 하나님의 손이 있음을 가리킵니다"(Pes. 119a).

하나님께서는 이렇게 말씀하셨습니다.

"내 아들들아, 나를 위해 바늘구멍만큼 작은 회개의 문을 열어라. 그러면 내가 너희를 위해 마차와 수레가 지나갈 수 있는 문을 열어주리라"(S. S. Rabb. 5:2).

또 다른 가르침에서는 "기도의 문은 때로는 열리고 때로는 닫히지만, 회개의 문은 항상 열려 있다. 바다가 항상 접근 가능한 것처럼, 거룩하신 분, 복되신 분의 손은 항상 회개하는 자들을 받아들일 준비가 되어 있다"(Deut. Rabb. 11:12)라고 강조합니다.

회개와 속죄

자연스럽게 예상되듯이, 탈무드는 주로 이스라엘에 관심을 두고 있으나, 회개에 대한 교리에는 배타성이 없습니다. 회개는 이를 사용하고자 하는 모든 이에게 열려 있습니다. 유대 문헌에는 다음과 같이 기록되어 있습니다.

"거룩하신 분, 복되신 그분께서는 세상의 민족들이 회개하여 그들을 그의 날개 아래로 가까이 데려오기를 바라며 바라보신다"(Bemid. Rabb. 10:1).

"거룩하신 분, 복되신 그분께서는 세상의 민족들에게 회개하기를 명하시어 그들을 그의 날개 아래로 가까이 데려오고자 하신다"(S. S. Rabb. 6:1).

성전의 몰락과 속죄 제물의 중단 이후, 속죄의 수단으로서 회개의 중요성은 더욱 커졌습니다. 이는 속죄일의 효력에도 동일하게 적용되었습니다. 제사 제도가 운영되던 시기에도 랍비들은 참회는 제물이 하나님께 받아들여지기 위한 필수 조건이라고 주장했습니다. 명시적인 가르침에 따르면, "회개 없이는 속죄제나 속건제, 죽음이나 속죄일도 속죄를 가져올 수 없다"(Tosefta Yoma 5:9)

고 기록되어 있습니다.

제물을 더 이상 바칠 수 없게 된 상황에서도, 사람들은 속죄에 대한 희망을 잃지 않아야 했습니다. 유대 문헌은 이렇게 가르칩니다.
"누군가가 회개하면, 그가 예루살렘에 올라가 성전을 짓고 제단을 세우고 성경에 열거된 모든 제물을 그 위에 바친 것으로 간주된다. 이는 시편의 '하나님께 드리는 제사는 상한 심령이니'(시 51:17)라는 말씀에서 알 수 있습니다"(Lev. Rabb. 7:2).

나는 너희에게 제물과 헌물을 원하지 않고, (참회의) 말을 원하노라. 말씀 하신 바와 같이, "말씀을 가지고 여호와께로 돌아오라"(호 14:2, Shem. Rabb. 38:4)라고 하셨습니다.

다양한 속죄의 수단

속죄에 대한 중요한 가르침은 다음과 같은 비유로 전해집니다.
지혜에게 죄인의 벌이 무엇인지 물었더니, "악이 죄인을 쫓으리라"(잠 13:21)고 답하였습니다.

선지자에게 물었을 때는, "죄를 짓는 영혼은 죽으리라"(겔 18:4)고 답하였습니다.

성경에게 물었을 때는, "속건제를 드리면 용서받으리라"고 답하였으니, 이는 "그를 위하여 속죄가 될 것이요 그가 사함을 받으리라"(레 1:4)고 기록된 말씀과 같습니다.

복되신 거룩하신 분께 물었을 때, 그분은, "회개하면 용서받으리라"고 답하셨으니, 이는 "여호와는 선하시고 정직하시니 그러므로 죄인들을 길로 인도하시리라"(시 25:8)고 기록된 말씀과 같습니다(P. Makk. 31d).

여기서 우리는 하나님께서 주신 답변과 성경의 세 부분에서 주어진 답변들 간에 모순이 없음을 볼 수 있습니다. 랍비들에게 성스러운 기록은 신성한 마음의 계시된 표현이었기 때문에, 불일치는 상상할 수 없는 일이었습니다. 이 가르침은 죄인이 자신의 잘못을 속죄하는 다양한 수단을 열거하고 있으며, 그 중 가장 중요한 것은 회개라는 것을 가르쳐 줍니다.

고난과 속죄

성경의 '지혜' 문학에 따르면, 고난은 속죄를 이루는 수단으로 이해됩니다. 탈무드는 이를 다음과 같이 설명합니다.
"인간의 모든 죄악을 정화하는 징계가 있다"(Ber. 5a).

또한, "역병의 증상을 보이는 자는 그것을 단순히 속죄의 제단으로 여겨야 한다"(Ber. 5b)고 가르칩니다. 이러한 고난은 죄를 정화할 수 있는 특별한 도구로 여겨졌습니다.

탈무드에서는 "사람은 행복보다 고난을 더 기뻐해야 한다. 왜냐하면 만약 한 사람이 평생 행복 속에서 살았다면, 그가 저지른 어떤 죄도 용서받지 못했을 것이기 때문이다. 그러나 고난을 통해 용서받는 것은 그에게 용서된다. 고난은 사랑받는 것이니, 제물이 받아들여지는 것처럼 고난도 받아들여지기 때문이다"(Sifre Deut. §32; 73b)라고 가르치고 있습니다.

장 질환이 육체적 정화뿐만 아니라 도덕적 정화로도 이어질 수 있다는 생각은 흥미로운 설명을 확장해 가는 것을 보여줍니다. "옛 시대를 살았던 경건한 사람들은 사후 세계에 순수한 상태로 들어가기 위해 완전히 정화되도록 죽기 약 20일 전에 장 질환을 앓았다"(Ber. 57b, Semachoth 3:10)라고 전해집니다.

또한, "세 부류의 사람들은 게힌놈의 얼굴을 보지 않을 것이다. 가난의 고통을 겪은 자, 장 질환을 앓은 자, 그리고 로마 통치의 압제를 겪은 자들이다"(Erub. 41b)라고 기록되어 있습니다. 이들이 겪은 고난은 그들의 악행에 대한 벌이었으며, 그 쓰라림을 맛본 후 그들은 정화되었습니다.

선지자의 답변은 죽음을 언급합니다. 죽음 또한 속죄의 수단이며, 가장 심각한 죄에 효과적입니다.

"누군가 긍정적인 계명을 어기고 회개하면, 용서받지 않고는 그 자리에서 움직이지 않습니다. 누군가 금지 사항을 어기고 회개하면, 그의 회개는 보류 상태로 남고 속죄일이 용서를 가져옵니다. 누군가 하나님의 손에 의한 단절의 형벌이나 법정에 의한 사형에 해당하는 죄를 저지르고 회개하면, 그의 회개와 속죄일 모두 보류 상태로 남고 고난이 그를 정화합니다. 하나님의 성호를 모독한 자는, 회개가 보류될 힘이 없고, 속죄일이 용서를 가져올 힘이 없으며, 고난도 정화할 힘이 없습니다. 모든 것이 보류 상태로 남고 죽음이 그를 정화합니다"(Yom. 86a).

죽음조차도 참회가 선행되지 않으면 속죄를 가져올 수 없습니다.
"죽음과 속죄일은 회개와 함께 속죄합니다"(Yom. 8:8).

민수기 15:31절은 "그가 여호와의 말씀을 멸시하고 그의 계명을 어겼으니 그 영혼이 완전히 끊어질 것이요 그의 죄악이 그에게 머물리라"에 대한 주석에 "죽는 모든 자는 죽음으로 속죄를 받으나, 이 사람의 경우에는 그의 죄악이 그에게 머물 것이다. 그가 회개해도 그러한가? 따라서 본문은 그의 죄악이 그에게 머물리라고 말하니, 즉 그가 회개했을 때는 아니다"(Sifre Num. §112;33a)라고 되어 있으며, 이는 참회가 죄를 제거한다는 것을 의미합니다.

처형장으로 가는 죄인은 "내 죽음이 나의 모든 죄악에 대한 속죄가 되기를"이라는 고백을 하도록 권고받았습니다(Sanh. 6:2).

토라의 답변은 탈무드 시대 초기를 제외하고는 과거의 것이 된 속죄제물을 언급합니다. 그 대신 회당의 속죄일 의식이 대중의 마음속에서 죄로부터의 정화를 위한 최고의 길이 되었습니다. 이것의 정화 능력은 랍비 유대교의 교리입니다.

"가벼운 위반의 경우, 행위나 태만을 막론하고 회개가 속죄합니다. 중대한 위반의 경우 회개는 속죄일이 와서 속죄를 가져올 때까지 문제를 보류합니다"(Yom. 8:8).

"행위의 죄인 경우 속죄일은 회개하지 않아도 속죄를 가져오지만, 태만의 죄는 회개한 경우에만 속죄됩니다"(P. Yom. 45b).

속죄일이 특정 종류의 범죄에 대해 자동으로 작용하여 회개 없이도 용서를 받을 수 있다는 견해는 매우 예외적입니다. 실제로 이에 대한 경고는 매우 분명하게 울립니다.

"내가 죄를 짓고 속죄일이 속죄를 가져올 것이라고 말하는 자에게는 속죄일이 속죄를 가져오지 않습니다"(Yom. 8:9).

속죄일의 두드러진 특징은 그날을 보내는 엄격한 금식이었습니다. 종교 지도자들조차도 속죄 행위로서의 금식을 중요하게 여겼습니다. 어떤 랍비는 금식일에 이런 기도를 했다고 전해집니다.

"우주의 주님! 성소가 존재했을 때는 사람이 죄를 지으면 제물을 가져왔고, 그중 기름과 피만 제사로 바쳐도 속죄가 이루어졌음을 하나님은 아시고 계십니다. 하지만 지금은 제가 금식을 하여 제 기름과 피가 줄어들고 있습니다. 당신의 뜻이 이루어지기를, 나에게서 줄어든 지방과 피가 마치 제단 위에서 하나님 앞에 바쳐진 것처럼 여겨지기를, 그리고 나를 은총으로 대해주시기를"(Ber. 17a).

더 높은 관점은 금식일의 관행에서 볼 수 있습니다. 회중의 장로가 예배자들에게 훈계의 말씀을 전했습니다. "형제들이여, 니느웨 사람들에 대해 하나님이 그들의 베옷과 금식을 보셨다가 아니라, 하나님이 그들이 악한 길에서 돌이킨 그들의 행위를 보셨다고 했습니다(욘 3:10, Taan. 11a).

행동의 변화가 수반되지 않는 한 어떠한 기도나 죄의 고백도 속죄를 보장할 수 없다는 것이 탈무드의 명시적 교리입니다.

만약 어떤 사람이 죄를 지었고, 그것을 고백하지만 그의 행동을 고치지 않는다면, 그는 무엇과 같은가? 불결한 파충류를 손에 쥐고 있는 사람과 같습니다. 그가 세상의 모든 물에 몸을 담근다 해도, 그의 침수는 소용이 없습니다.

하지만 그가 파충류를 던져버리고 40세아의 물에 몸을 담근다면, 그것은 즉시 효과가 있습니다. 이는 "자신의 죄를 고백하고 버리는 자는 자비를 얻으리라"(잠 28:13, Taa 16a)는 가르침입니다.

그리하여 우리는 인간을 죄로부터 정화하는 궁극적 수단으로서의 신성한 해답, 즉 회개에 도달하게 됩니다. 이 회개는 진실함이 입증되어야 합니다.

"죄를 짓고 회개하고 다시 죄를 짓고 회개하겠다는 자는 회개할 능력을 거부당할 것이다"(Yom. 8:9).

양심은 오용하면 망가지는 섬세한 도구입니다. 회개는 진심 어린 후회에서 비롯되어야 합니다.

"죄를 짓고 그것에 대해 수치심을 느끼는 자는 모든 죄를 용서받을 것이다"(Ber. 12b).

"속죄의 수단으로서 인간의 마음속의 하나의 징계(즉 자책)가 많은 매질보다 낫다"(Ber. 7a).

진정성의 증거로서, 회개의 말은 자비로운 행동과 함께해야 합니다.

"회개와 선행은 인간의 변호인이다"(Shab. 32a).

"회개와 선행은 벌에 대한 방패이다"(Abo. 4:13).

"세 가지가 악한 명령을 무효화할 수 있다. 기도, 자선, 그리고 회개이다"(Gen. Rabb. 44:12).

"진정한 참회자의 기준은 죄를 짓도록 하는 유혹이 첫 번째와 두 번째 찾아왔을 때 이를 저항하는 것이다"(Yom. 86b).

결코 늦지 않았다는 생각은 다음과 같은 말로 전달됩니다. "평생 동안 완전히 사악했던 사람이라도 마지막에 회개하면, 그의 사악함은 (하나님에 의해) 다시는 기억되지 않는다"(Kidd. 40b). 하지만, 우리가 보게 될 것처럼, 죽음이 개입할 수 있으므로 회개를 미루어서는 안 됩니다.

죽음 이후에 회개가 가능할까요? 이 질문에 대해 서로 다른 답변이 있습니다.

한 가르침에 따르면 게힌놈에 내려간 죄인은 회개의 효과로 "활에서 화살이 발사되듯이 그곳에서 튀어나온다"(Tanhuma, Deut. 32:1)고 합니다. 반면에 전도서 1:15절에 대한 미드라쉬의 해석을 읽어보면 "굽은 것은 곧게 될 수 없고, 부족한 것은 셀 수 없다"고 합니다.

이 세상에서는 (도덕적으로) 굽은 자가 곧게 될 수 있고 (덕행이) 부족한 자가 셀 수 있게 되지만, 내세에서는 굽은 자가 곧게 될 수 없고 부족한 자는 셀 수 없게 됩니다.

이 세상에서 친구였던 두 악인을 상상해보십시오. 한 사람은 죽기 전 일찍이 회개했고, 다른 사람은 그러지 못했습니다. 전자는 회개의 공로로 의인들의 무리에 자리를 잡습니다. 후자는 악인들의 무리에 서서 자신의 친구를 보고 외칩니다.

"이런 불공평이 어디 있습니까! 우리 둘은 똑같이 살았고, 똑같이 도둑질하고 강도질했으며, 온갖 종류의 악행을 함께 저질렀는데, 왜 그는 의인들 중에 있고 나는 악인들 중에 있습니까?"

천사들이 그에게 대답했습니다.
"어리석은 자여! 네가 죽은 지 이삼일 후에 사람들이 관에 넣어 정중하게 장사지내지 않고 밧줄로 시신을 무덤으로 끌고 갔을 때 너는 천박했다. 네 친구는 네 비천함을 보고 자신의 악한 길에서 돌이키기로 맹세했다. 그는 의인처럼 회개했고, 그의 참회의 결과로 여기서 생명과 영예를 얻고 의인들과 함께하는 몫을 받게 되었다. 너도 마찬가지로 회개할 기회가 있었다. 만약 네가 그렇게 했더라면 너에게도 좋았을 것이다."

그러자 그가 그들에게 말했습니다.

"돌아가서 회개하도록 허락해 주시오."

그들이 대답했습니다.

"어리석은 자여! 이 세상이 안식일과 같고 네가 온 세상이 안식일 전날과 같다는 것을 모르느냐? 사람이 안식일 전날에 음식을 준비하지 않으면 안식일에 무엇을 먹겠느냐?

네가 온 세상이 육지와 같고 이 세상이 바다와 같다는 것을 모르느냐?

사람이 육지에서 음식을 준비하지 않으면 바다에서 무엇을 먹겠느냐?

이 세상이 사막과 같고 네가 온 세상이 경작지와 같다는 것을 모르느냐?

사람이 경작지에서 음식을 준비하지 않으면 사막에서 무엇을 먹겠느냐?"

그는 이를 갈며 자신의 살을 물어뜯었습니다. 그리고 말했습니다.

"내 친구의 영광을 보게 해주시오."

이에 그들은 이렇게 대답했습니다.

"어리석은 자여! 전능하신 분께서 의로운 자는 악한 자와 함께 서 있어서는 안 되며, 악한 자는 의로운 자와 함께 서 있어서는 안 되고, 순결한 자는 불결한 자와, 불결한 자는 순결한 자와 함께 있어서는 안 된다고 명하셨다."

그는 이에 절망하여 옷을 찢고 머리카락을 뽑았습니다.

죽음의 순간까지 회개가 가능하다는 것이 사실이지만, 이를 미루는 것은 현명하지 않다고 여겨집니다.

랍비 엘리에제르는 말했습니다.

"당신의 죽음 하루 전에 회개하라."

그의 제자들이 물었습니다.

"그렇다면, 누가 자신이 어느 날 죽을지 알 수 있습니까?"

그는 이렇게 대답했습니다.

"내일 죽을지도 모르니 오늘 회개해야 할 이유가 더욱 크지 않은가? 그렇게 하면 모든 날을 회개하며 보내게 될 것이다"(Shab. 153a).

제 8 장

보상과 형벌

제8장
보상과 형벌

정의는 하나님의 속성이므로, 그분께서는 피조물을 공정하게 대하십니다. 의로운 자가 하나님의 뜻에 충실함으로 보상받고 악한 자가 하나님께 반항한 일에 대해 처벌받는 것은 공정한 재판관이 다스리는 우주에서 자연스럽게 기대되는 바입니다.

만약 삶의 현실이 이러한 결론과 상충되는 것처럼 보인다면, 정의의 통치가 명백하게 부재한 것으로 보이는 것과 하나님의 모든 법령이 올바르다는 확신을 조화시키는 설명이 있을 것입니다.

한 랍비가 하나님은 공평의 규칙에 구속되지 않으며 하나님이 원하시는 대로 행하실 수 있다는 의미로 성경 구절을 해석하려 했을 때, 그는 날카로운 질책을 받았습니다.

랍비 파포스는 "그러나 하나님은 하나이시니 누가 그를 돌이킬 수 있으랴? 그가 하고자 하시는 것을 행하시나니"(욥 23:13)라는 말씀을 그분은 홀로 세상에 오는 모든 이를 심판하시며 아무도 그의 결정에 의문을 제기할 수 없다"고 해석하였습니다.

이에 랍비 아키바가 그에게 말했습니다. "파포스여, 그만하시오! 그렇다면 당신은 이 구절을 어떻게 설명하시오?"라는 질문을 받자, 그는 대답하였습니다. "우리는 말씀하시어 세상을 창조하신 분의 결정에 의문을 제기할 수 없습니다. 그러나 그분은 진리로 모든 것을 심판하시며 모든 것이 엄격한 정의에 따라 이루어집니다"(Mechilta to Exo. 14:29, 33a).

인간을 대하시는 하나님의 공정한 처사에 대한 이러한 주장은 랍비 아키바의 가르침에서 두드러진 특징입니다. 이 주제에 관한 그의 격언은 일상적인 사업 생활의 언어를 사용하여 그 사상을 더욱 강력하게 전달합니다.

"모든 것은 저당으로 주어지고, 모든 생명체를 위해 그물이 펼쳐져 있으며, 가게는 열려있고, 상인은 외상을 주며, 장부는 펼쳐져 있고, 손은 기록하나니, 빌리기를 원하는 자는 누구나 와서 빌릴 수 있도다. 그러나 수금원들은 정기적으로 매일 순회하며 사람이 만족하든 그렇지 않든 지불을 요구한다. 그들은 그들의 요구에 있어 신뢰할 수 있는 것을 가지고 있다. 심판은 진리의 심판이며, 모든 것이 잔치를 위해 준비되어 있다"(Abo. 3:20).

마지막 구절은 죄인이 응보를 받은 후 내세에서 의인들을 위해 마련된 좋은 것들의 잔치에 참여하게 된다는 의미입니다.

그는 시편 36:6절 말씀인 "주의 의는 큰 산과 같고 주의 판단은 깊은 바다와 같나이다"에 대한 토론에서 같은 관점을 유지했습니다.

랍비 이스마엘이 말하기를, "큰 산(즉, 시나이)에서 주어진 토라를 받아들인

의인들의 공덕으로, 당신은 그들에게 큰 산과 같은 의를 행하시나이다. 그러나 큰 산에서 주어진 토라를 거부한 악인들에 대해서는, 당신은 그들을 큰 깊음(즉, 게힌놈)까지 엄격히 심판하실 것이나이다."

랍비 아키바가 말하기를, "두 부류 모두에게 하나님은 큰 깊음까지 엄격하시나이다. 그는 의인들에게 엄격하시어 그들이 이 세상에서 행한 소수의 악행에 대해 벌하시니, 이는 내세에서 그들에게 평안과 좋은 보상을 주시기 위함이요. 또한 그는 악인들에게 평안을 주시고 그들이 이 세상에서 행했을 수 있는 소수의 선행에 대한 보상을 주시니, 이는 내세에서 그들을 (그들의 악행에 대해) 벌하시기 위함이라"(Gen. Rabb. 33:1).

하나님의 인간 통치에서 정의가 지배해야 한다는 이론에 따르면, 하나님이 선한 자들에게는 그들의 공로에 따라 보상하고 악한 자들에게는 그들의 죄과에 따라 벌을 내린다는 것을 믿어야 합니다.

이것은 실제로 탈무드에서 발견되는 일반적인 교리입니다. "죄 없이는 고통도 없다"(Shab. 55a)는 것은 다양한 형태로 표현되는 널리 퍼진 믿음이었습니다.
"하나의 계율을 행하는 자는 자신에게 하나의 옹호자를 얻고, 하나의 죄를 범하는 자는 자신에게 하나의 고발자를 얻는다"(Abo. 4:13).
"거룩하신 분, 복되신 분의 모든 심판은 척도 대 척도의 원칙에 기초한다"(Sanh. 90a).

랍비들은 성경의 이야기에서 벌과 보상 모두에 관한 확증을 발견하였습니다. 전자의 예시는 다음과 같습니다.

"이집트인들이 이스라엘을 파멸시키려 했던 계획으로 내가 그들을 심판하리라. 그들은 물로 이스라엘을 파멸시키려 했으니, 나는 물 외에는 다른 것으로 그들을 벌하지 않으리라"(Mechilta to Exo. 14:26, 32b).

"삼손이 자신의 눈을 따라갔으므로, 블레셋 사람들이 그의 눈을 뽑았다. 압살롬이 자신의 머리카락을 자랑했으므로, 그는 자신의 머리카락에 걸려들었다"(Sot. 1:8).

두 랍비의 예를 인용할 수 있습니다. 힐렐은 물 위에 떠 있는 해골을 보았다. 그는 해골에게, "네가 다른 이들을 익사시켰기에 그들이 너를 익사시켰고, 결국 너를 익사시킨 자들도 익사당하리라"(Abo. 2:7)고 말했다.

극단적인 예는 경건한 '감조의 나훔'의 경우로, 만약 사실이라면, 인과응보의 원칙에 대한 믿음이 얼마나 확고했는지를 생생하게 보여줍니다.

'감조의 나훔'에 대한 이야기로, 그는 두 눈이 모두 보이지 않았고, 두 손이 절단되었으며, 두 다리가 잘렸고, 온몸이 종기로 뒤덮여 있어서 개미들이 그에게 기어오르지 못하도록 그의 침상 다리를 물이 담긴 대야에 담가두어야 했습니다.

어느 날 그의 침상이 폐가에 놓여 있었는데, 제자들이 그를 옮기고자 했습니다.

그는 제자들에게 말했습니다.

"먼저 가구들을 치우고 마지막으로 내 침상을 치워라. 내 침상이 집 안에 있는 한 집이 무너지지 않을 것이니라."

그들이 가구를 치우고 침상을 치웠더니 곧바로 집이 무너졌습니다.

제자들이 그에게 물었습니다.

"선생님은 완벽하게 의로운 사람인데 왜 이런 고통을 겪으시나요?"

그가 대답했습니다. 이것은 내 책임이다. 한번은 내가 장인의 집으로 가는 길이었는데, 세 마리의 당나귀가 짐을 지고 있었다. 하나는 음식을, 둘째는 음료를, 셋째는 여러 가지 진미를 실었다. 한 사람이 우연히 나를 만나 말했다.

"랍비님, 먹을 것을 좀 주십시오."

나는 "당나귀에서 내릴 때까지 기다리시오"라고 말했다.

내가 내려서 돌아보니 그가 죽어 있었다. 나는 그 위에 엎드려 말했다.

"당신의 눈을 불쌍히 여기지 않은 내 눈이 멀어지기를, 당신의 손을 불쌍히 여기지 않은 내 손이 잘리기를, 당신의 다리를 불쌍히 여기지 않은 내 다리가 잘리기를. 그리고 내 온몸이 종기로 가득 차기를!"

그들이 말했다.

"선생님이 이렇게 된 것을 보니 너무 안타깝습니다!"

그가 대답했습니다.

"너희가 나를 이렇게 보지 않았다면 내게 더 큰 불행이었을 것이다!"(Taan. 21a)

보상이 척도에 따라 주어지는 것에 대해, "요셉이 그의 아버지를 가나안에 묻었기에 그의 유골이 그곳에 묻힐 자격이 있었다"(Sot. I.9)고 전해집니다.

"여호와께서 낮에는 구름 기둥으로 그들 앞에 가셨으며"(출 13:21)라는 구절에 대해, 다음과 같은 설명이 있습니다.

이는 사람이 측정하는 척도로 그에게 되돌아온다는 것을 가르치는 것입니다.

아브라함이 천사들과 동행했듯이(창 18:16), 전능하신 분께서도 광야에서 40년 동안 아브라함의 자손들과 동행하셨습니다.

우리의 조상 아브라함에 대해 말씀하시기를, "내가 빵 한 조각을 가져오리라"(창 18:5)고 하셨으니, 거룩하신 분, 복되신 그분께서는 아브라함의 자손들에게 40년 동안 만나를 내리게 하셨습니다.

아브라함에 대해 말씀하기를, "물을 조금 가져오게 하라"(창 18:4)고 하셨으니, 거룩하신 분, 복되신 그분께서는 광야에서 그의 자손들을 위해 우물이 솟아나게 하셨습니다(민 21:17).

아브라함에 대해 말씀하시기를, "그가 소 떼에게로 달려갔다"(창 18:7)고 하셨으니, 거룩하신 분, 복되신 그분께서는 그의 자손들을 위해 메추라기를 몰아오셨습니다(민 11:31).

아브라함에 대해 말씀하시기를, "나무 아래에서 쉬라"(창 18:4)고 하셨으니, 거룩하신 분, 복되신 그분께서는 그의 자손들을 위해 영광의 구름 일곱을 펼치셨습니다.

아브라함에 대해 말씀하시기를, "그가 구름을 덮개로 펼치시고, 밤에는 불빛을 주셨다"(시 105:39).

아브라함에 대해 기록되기를, "그가 그들 위에 서 있었다"(창 18:8)고 하셨으니, 거룩하신 분, 복되신 그분께서는 이집트에서 그의 자손들이 재앙을 맞지 않도록 보호하셨습니다(Mechilta 18:8; 5a).

율법의 인과응보가 너무나 확고해서 많은 랍비들은 특정 죄에는 반드시 특정 벌이 따른다고 가르쳤습니다.

"일곱 가지 중요한 죄에 대해 일곱 가지 벌이 세상에 내려진다. 일부는 십일조를 내고, 일부는 내지 않으면, 가뭄으로 인한 기근이 발생하여 일부는 굶주리고, 일부는 배부르게 된다. 모두가 십일조를 내지 않기로 결정하면, 혼란과 가뭄으로 인한 기근이 발생한다. 더 나아가 진설병을 드리지 않기로 결정하면, 절멸의 기근이 발생한다. 전염병은 성경에서 사형 선고를 이행하기 위해 세상에 오는데, 이는 인간 재판소의 기능 범위를 벗어나며, 제 7년의 과실에 관한 법을 위반한 것에 대한 것이다"(레 25:1이하).

"정의의 지연과 왜곡, 그리고 토라를 진정한 의미대로 해석하지 않는 자들의 죄로 인해 칼이 세상에 온다. 헛된 맹세와 하나님의 성호 모독으로 인해 해로운 짐승들이 세상에 온다. 우상 숭배, 부도덕, 살인, 그리고 토지 안식년을 지키지 않음으로 인해 포로됨이 세상에 온다"(레 25:1이하, Abo. 5:11).

다음과 같은 구절에서도 같은 생각을 찾을 수 있습니다.

"세 가지 죄로 인해 (이스라엘) 여인들이 출산 시 사망한다. 그들이 분리기간을 소홀히 했기 때문이며, 제물용 반죽의 성별과 안식일 등불 점화에 관해서도 소홀했기 때문이다"(Shab. 11:6).

"일곱 가지 원인으로 재앙이 발생한다. 중상모략, 살인, 헛된 맹세, 부정, 교만, 강도, 그리고 시기"(Arak. 16a).

"헛된 맹세와 거짓 맹세의 죄로 인해, 신성모독과 안식일 모독으로 인해 야수들이 번식하여 가축이 죽고, 인구가 감소하며 도로가 황폐해진다"(Shab. 33a).

하지만 하나님의 정의에 대한 그들의 믿음이 아무리 암묵적이었다 하더라도, 랍비들은 삶의 경험이 만들어낸 문제를 피할 수 없었습니다. 의로운 자들이 행복과 번영으로 보상받지 못한다는 것은 너무나 분명했습니다. 오히려 그들은 예외적인 역경을 겪도록 정해진 것처럼 보였습니다.

마찬가지로, 악한 자들은 하나님께서 눈에 띄게 불쾌해하시는 모습을 보이지 않았고, 그들에 대한 그분의 불쾌감이 고난과 고통으로 입증되지도 않았습니다. 오히려 운명은 그들에게 미소를 지었고 그들은 번영했습니다.

이러한 현상들은 결코 간과될 수 없었고 신성한 통치 계획에 맞춰져야 했습니다. 해답을 찾으려는 시도들이 랍비 문학 전반에 걸쳐 산재해 있지만, 합의된 해결책은 제시되지 않았습니다. 우리가 앞으로 보게 될 것처럼, 이 문제는 다양한 방식으로 다루어졌습니다.

특히 성전과 국가의 파괴 전후의 중대한 시기에, 하나님의 방식에 대한 정당화가 종교 지도자들의 관심을 끌었습니다. 사람들은 불경한 로마인들의 승리에 당혹스러워했습니다.

한 랍비가 "보응에 대한 믿음을 버리지 말라"(Abo. 1:7)라는 권고를 한 것은 충분한 이유가 있었습니다. 당시의 불안정한 정신 상태는 다음과 같은 전설에 반영되어 있습니다.

모세가 하늘에 올라가 거기서 (아직 태어나지 않은) 랍비 아키바가 놀라운 방식으로 토라를 해설하는 것을 보았을 때, 그는 하나님께 말했다. "하나님께서 그의 학식을 보여주셨으니, 이제 그의 보상을 보여주소서."

그는 "뒤돌아 보라"는 말을 들었고, 그렇게 했을 때, 아키바의 살이 시장에서 팔리는 것을 보았다.

그는 "우주의 주재자시여! 이것이 그의 학식이고 이것이 그의 보상입니까!"라고 말했다.

하나님은 그에게 대답하셨다.

"잠잠하라, 이것이 내 앞에서 생각된 바이니라"(Men. 29b).

이 전설은 그 문제가 인간의 이해를 넘어선다는 것을 나타내는 것 같습니다. 인간이 설명할 수 없는 사건들은 하나님에 의해 그렇게 결정되었고 인간은 체념하며 순응해야 합니다.

한 랍비는 대담하게 선언했습니다.

"만약 그의 말이 올바른 해석이라면, 우리는 악인의 번영이나 의인의 고난을 설명할 힘이 없다"(Abo. 4:19).

모세가 하나님께 "주의 길을 내게 보이소서"(출 33:13)라고 요청한 의미를 논하는 주목할 만한 구절이 있습니다.

모세가 그분 앞에서 말했습니다. "우주의 주재시여! 어찌하여 한 의인은 번영을 누리고 다른 의인은 역경으로 고통받나이까? 왜 악인이 번영을 누리고 악인이 역경에 시달립니까?"

하나님은 모세에게 대답하셨습니다. "번영을 누리는 의인은 의로운 아버지의 아들이요, 역경에 시달리는 의인은 악한 아버지의 아들이며, 번영을 누리는 악인은 의로운 아버지의 아들이요, 역경에 시달리는 악인은 악한 아버지의 아들이다."

그러나 그렇지 않으니, "보라, 아버지의 죄악을 자손에게 갚으리라"(출 34:7)라고 기록되어 있고, 또한 "아버지로 인하여 자녀를 죽이지 말라"(신 24:16)고 기록되어 있도다!

우리는 이 구절들을 서로 대조하여 모순이 없다고 결론짓나니, 전자는 아버지의 길을 따르는 자녀들을 가리키고, 후자는 아버지의 길을 따르지 않는 자녀들을 가리킴이라.

그러나 우리는 하나님께서 모세에게 이렇게 대답하셨다고 생각할 수 있습니다.

"번영을 누리는 의인은 완전한 의인이요, 역경에 시달리는 의인은 완전한 의인이 아니며, 번영을 누리는 악인은 완전한 악인이 아니요, 역경에 시달리는 악인은 완전한 악인이라".

랍비 메이르가 선언하기를, "하나님께서 '내가 은혜를 베풀 자에게 은혜를 베풀리라'(출 33:19)라고 말씀하셨을 때, 그것은 비록 그가 합당치 않을지라도 그리하시겠다는 뜻이요, '내가 긍휼을 베풀 자에게 긍휼을 베풀리라.' 역시 비록 그가 합당치 않을지라도 그리하시겠다는 뜻이라"(Ber. 7a).

여기서 우리는 문제에 대처하는 다양한 방법을 볼 수 있습니다. 랍비 메이르는 이 설명이 인간의 지성으로는 이해할 수 없다고 주장합니다. 하나님은 인간이 이해할 수 없는 그분의 지혜로 행하십니다.

첫 번째 해결책에서 우리는 '자흐트 아보트'(Zachuth Aboth), '조상의 공덕'이 죄지은 후손들에 대한 처벌을 어느 정도 완화시킬 수 있다는 이론을 보게 됩니다. 이 개념은 유대인의 마음을 단단히 사로잡았고 회당의 예배에서 자주 등장합니다.

탈무드의 인용문을 읽어보면

아브라함이 복되신 거룩하신 분 앞에서 말씀드렸다. "우주의 주재시여! 당신이 나에게 이삭을 바치라고 명하셨을 때, 내가 어제 당신이 '이삭을 통해 네 자손이 부름을 받으리라'(창 21:12)고 확신시켜 주셨는데, 이제 '그를 번제로 바치라'(창 22:2)고 명하시니 이에 대해 대답할 수 있었음이 당신 앞에 드러나고 알려져 있나이다. 하지만 결코 그렇게 하지 않았나이다. 나는 내 감정을 억누

르고 당신의 명령을 수행했나이다. 그러므로 나의 하나님 여호와여, 내 아들 이삭의 후손들이 고난을 당하고 그들을 변호할 사람이 없을 때, 당신께서 그들을 변호해 주시고 당신 앞에 기쁘게 받아들여 주시옵소서"(Taan. 65d).

개인의 책임과 내세의 관점

하나님께 기도할 때 조상의 공덕을 호소할 수는 있지만, 이는 악의 문제를 해결하는데 도움이 되지 않았는데, 주로 개인의 책임이라는 개념에 반하기 때문이었습니다. 우리는 이러한 반대를 다음과 같은 말에서 발견할 수 있습니다.

"모세는 아버지의 죄를 자녀에게 벌한다고 했으나, 에스겔이 와서 이를 무효화하며 말하기를, '죄를 짓는 영혼이 죽으리라'(겔 18:4)라고 하였다"(Makk. 24a).

모든 사람은 자신의 행위에 대해 책임을 져야 합니다. 선한 사람이 고통받을 때는 그가 완전히 선하지 않기 때문이며, 악한 사람이 번영할 때는 그가 완전히 악하지 않기 때문이라는 대안적 제안이 더 수용 가능했을 것입니다.

랍비들은 지상의 삶을 그 자체로 완전한 것으로 보지 않았습니다. 죽음이 인간 존재의 끝을 의미하지는 않았습니다. 무덤 너머의 삶이 있었고, 현세와 내세라는 두 단계의 삶의 경험을 결합해야만 하나님의 섭리를 이해할 수 있었습니다.

하나님의 공의와 섭리

이러한 관점의 좋은 예는 신명기 32:4절의 해석입니다.
"진리의 하나님이시며 불의가 없으시고 공의롭고 정직하신 분이시다"

'진리의 하나님'은 거룩하신 분, 복되신 그분은 내세에서 의인들에게 그들이 이 세상에서 행한 각각의 작은 계명에 대한 선한 보상을 내리시듯이, 이 세상에서 악인들에게도 그들이 이 세상에서 행한 각각의 작은 계명에 대한 보상을 내리십니다.

'불의가 없으시고'는 거룩하신 분, 복되신 그분은 내세에서 악인들에게 그들이 이 세상에서 저지른 각각의 작은 죄에 대한 벌을 내리시듯이, 이 세상에서 의인들에게도 그들이 이 세상에서 저지른 각각의 작은 죄에 대한 벌을 내리십니다.

'공의롭고 정직하신 분이시다'는 사람이 죽을 때 그의 모든 행위가 그 앞에 열거되고 그는 "당신이 그러한 날 그러한 장소에서 이러이러한 일을 했다"고 듣는다고 합니다. 그는 자신의 죄를 인정하고 기록에 서명하라는 명령을 받아 서명합니다. 욥기 37:7절에 기록된 말씀대로입니다.

그뿐만 아니라 그는 자신에게 내려진 판결이 공평하다고 인정하며 "당신이 나를 올바르게 판단하셨습니다"라고 말합니다. 이는 시편 51:4절에 기록된 그대로입니다(Taan. 11a).

이 세상에서 의인들은 무엇과 같은가? 깨끗한 곳에 서 있지만 그 가지가 부정한 곳으로 뻗어 있는 나무와 같습니다. 가지들이 잘려나갈 때, 전체가 깨끗한 곳에 있게 됩니다.

마찬가지로 거룩하신 분, 복되신 그분은 의인들이 내세를 상속받을 수 있도록 이 세상에서 그들에게 고난을 주십니다. 욥기 8:7절에 말씀하신 그대로

"네 시작은 미약하였으나 네 나중은 크게 창성하리라."

이 세상에서 악인들은 무엇과 같은가? 불결한 곳에 서 있지만 가지는 깨끗한 곳으로 뻗어 있는 나무와 같습니다. 가지들이 잘려나갈 때, 전체가 불결한 곳에 있게 됩니다.

마찬가지로 거룩하신 분, 복되신 그분은 악인들을 가장 낮은 단계(게힌놈)로 추방하고 몰아내기 위해 이 세상에서 그들에게 행복을 주십니다. 잠언 14:12절에서 말씀하신 것처럼, "사람의 눈에는 바른 길 같이 보이나 필경은 사망의 길이니라"(Kidd. 40b).

보상과 내세

토라에 기록된 계명 중에서 문맥상 보상이 언급된 것은 내세의 성취에 달려 있지 않은 것이 없습니다. 부모 공경과 관련하여 "네 날이 길어지고 잘 되리라"(신 5:16)라고 기록되었으며, 어미 새를 놓아주는 것과 관련하여 "네가 잘 되고 네 날이 길 것이니라"(신 22:7)라고 기록되어 있습니다.

"보라, 아버지가 아들에게 탑 꼭대기에 올라가 거기 있는 비둘기를 가져오라고 하였습니다. 그는 올라가서 어미를 놓아주고 새끼를 가져왔으나, 돌아오는 길에 떨어져 죽었습니다. 이 사람의 안녕과 장수는 어디 있는가? 그러나 '네가 잘 되리라'의 의미는 모든 것이 좋은 세상에서이며, '네 날이 길 것이니라'의 의미는 끝없는 날들의 세상에서이다"(Kidd. 39b).

현세와 내세의 조화

이 교리의 매우 기이한 예시는 다음 일화에서 발견됩니다.

랍비 하니나의 아내가 남편에게 말했습니다. "내세에 의인들을 위해 예비

된 선한 것들 중 일부를 지금 받을 수 있도록 기도해 주세요".

그가 기도하자 황금 탁자의 다리 하나가 그들에게 던져졌습니다. 후에 그는 꿈에서 (내세에서) 모든 사람이 세 다리가 있는 황금 탁자에서 식사하는 동안 자신의 탁자는 두 다리만 있는 것을 보았습니다.

(이 말을 듣고) 그의 아내는 그것을 돌려보내도록 기도해달라고 요청했습니다.

그가 기도하자 그것은 돌려보내 졌습니다(Taan. 25a).

분명히 랍비들의 의견으로는, 두 세상의 최고를 다 가질 수는 없으며, 또는 그들이 말하듯이 "두 탁자에서 먹을 수는 없습니다."

의인들이 이 세상에서 의도적으로 고통받는다는 교리의 매우 흥미로운 발전은, 하나님이 악인들의 죄에 대하여 벌을 내릴 때 그것이 먼저 의인들에게 떨어진다는 제안입니다. 이는 악행의 영향이 느껴질 때, 무고한 자들도 그 결과에 연루될 뿐만 아니라, 그들이 죄지은 자들보다 더 큰 고통을 겪게 된다는 것을 의미합니다.

의인의 고난과 악인의 번영에 대한 랍비적 고찰

"세상에 사악한 자들이 존재하지 않으면 벌이 내리지 않으며, 그것은 의인으로부터 시작된다. '불이 나서 가시나무에 붙으면 곡식단이 소멸되리라'(출 22:6)와 같다는 말씀과 같다."

"언제 불(즉, 벌)이 일어나는가? 가시나무(즉, 악인)가 있을 때이다. 그리고 그것은 의인(곡식단으로 표현됨)으로부터 시작된다. '곡식단이 소멸되리라'고 말씀 하였다. 본문은 (가시나무 후에) 소멸될 것이라고 하지 않고, 소멸되었다고 한다. 그들이 먼저 불탔다."

여호와께서 애굽 사람들을 치러 지나가실 때까지 "아무도 자기 집 문 밖으로 나가지 말라"(출 12:22-23)는 구절의 의도는 무엇인가? "죽음의 천사에게 파괴할 권한이 주어졌기 때문에, 그는 의인과 악인을 구별하지 않는다. 더욱이 그는 의인으로부터 시작한다. 말씀하시기를, '내가 니로부터 의인과 악인을 끊으리라'(겔 21:3)와 같다"(B.K. 60a).

의인이 먼저 언급됩니다. 우리는 때때로 선한 자들이 악한 자들을 대신하여 고통받는다는 말을 듣게 됩니다. 예를 들어 "한 세대에 의로운 자들이 있을 때, 의로운 자들이 그 세대의 죄로 인해 벌을 받습니다. 의로운 자가 없다면, 학생들이 그 시대의 악을 위해 고통받습니다"(Shab. 33b).

대리 속죄의 개념도 나타나는데, 미리암의 죽음(민 20:1)에 대한 기록이 왜 붉은 암송아지의 법(민 19:1) 바로 다음에 나오는지에 대한 질문에서도 볼 수 있습니다. 그 답은 "붉은 암송아지가 죄를 속죄하는 것처럼, 의로운 자의 죽음도 죄를 속죄한다"(M.K. 28a)는 것입니다.

같은 맥락의 다른 구절들을 읽어보면

모세가 거룩하신 분, 복되신 분 앞에서 말했습니다. "이스라엘에 성막도 성전도 없는 때가 오지 않겠습니까? 그들에게 (속죄와 관련하여) 어떤 일이 일어날까요?"

그분은 대답하셨습니다. "내가 그들 중에서 의로운 사람 하나를 택하여 그들을 위한 보증으로 삼고, 그들의 죄악을 속죄하리라"(Exo. Rabb. 35:4).

모세가 금송아지 사건과 관련하여 하나님께 "원하옵나니 주의 책에서 내 이름을 지워주소서"(출 32:32)라고 말했을 때, 그는 자기 백성의 죄를 위해 자신의 생명을 속죄 제물로 바쳤습니다(Sot. 14a).

악의 문제는 다른 각도에서도 다루어졌는데, 현세에서 겪는 고난이 하나님의 형벌이나 그분의 불승인의 증거라는 것을 부정하였기 때문입니다. 오히려 그것들은 하나님의 사랑을 나타내며 유익한 목적을 가졌습니다.

"'보시기에 심히 좋았더라'(창 1:31)는 선언은 고난을 가리켰습니다. 그렇다면 고난이 좋은 것인가? 그렇다. 왜냐하면 그것을 통해 인간이 내세에 이르기 때문이다"(Gen. Rabb. 60:8).

"사람을 내세로 인도하는 길은 무엇인가? 답은 고난의 길이다"(Mekhilta 20:23, 73a).

"현세에서 자신에게 닥치는 고난을 기뻐하는 자는 세상에 구원을 가져온다"(Taan. 8a).

고통이 신성한 사랑의 표현이라는 생각은 다음과 같이 전달됩니다. 사람에게 고통이 닥쳐올 때, 그는 자신의 행동을 살펴보아야 합니다.

"우리의 길을 살피고 시험하여 여호와께로 돌아가자"(애 3:40).

만약 그가 자신의 행동을 살펴보았으나 원인을 발견하지 못했다면, 그것을 토라를 소홀히 한 것으로 여겨야 합니다.

"여호와여 주께서 징계하시고 주의 법으로 교훈하시는 자가 복이 있나이다"(시 94:12).

만약 그가 토라를 소홀히 한 것으로 여겼으나 어떤 정당한 이유도 찾지 못했다면, 그의 고난은 분명히 사랑의 징계입니다.

"대저 여호와께서 그 사랑하시는 자를 징계하시기를"(잠 3:12)하였습니다 (Ber. 5a).

그렇다면 왜 의인들에게 고난이 가해져야 하는가? 제시된 답변은 다음과 같습니다.

도공은 이미 금이 간 그릇을 시험하지 않습니다. 한 번만 두드려도 깨어지기 때문입니다. 하지만 온전한 그릇은 여러 번 두드려도 깨어지지 않습니다.

마찬가지로 거룩하신 분, 복되신 분께서는 악인이 아닌 의인을 시험하십니다. 말씀하신 바와 같이, "여호와께서 의인을 시험하시고"(시 11:5), 또한 "하나님이 아브라함을 시험하셨더라"(창 22:1)고 기록되어 있습니다.

두 마리의 소를 가진 집주인의 비유가 있습니다. 하나는 강하고 다른 하나는 약합니다. 그는 어느 소에게 멍에를 메울까요? 분명 강한 소에게 메울 것입니다. 이와 같이 하나님께서는 의인을 시험하십니다(Gen. Rabb. 32:3).

이러한 고차원적인 고통의 개념에 비추어 "너희는 나와 함께 은으로 된 신들을 만들지 말라"(출 20:23)는 말씀에서 아름다운 교훈을 읽을 수 있습니다.

"이방인들이 그들의 신들에게 하는 것처럼 나를 대하지 말라. 그들에게 행복이 찾아올 때는 신들을 찬양하지만, 보복이 닥치면 신들을 저주한다. 내가 너희에게 행복을 주면 감사하고, 고통을 주어도 마찬가지로 감사하라"(Mekhilta Exo. 20:23, 72b).

이것이 랍비들의 율법에 대한 입장입니다.

사람은 좋은 일에 대해 축복을 하는 것처럼 나쁜 일에 대해서도 축복을 해야 할 의무가 있습니다.

"네 마음을 다하고 네 영혼을 다하고 네 힘을 다하여 주 너의 하나님을 사랑하라"(신 6:5).

'네 마음을 다하여'란 두 가지 충동, 즉 선한 충동과 악한 충동으로, '네 영혼을 다하여'란 그가 네 영혼을 취하실지라도, '네 힘을 다하여'란 네 모든 재산으로, '네 힘을 다하여'의 또 다른 해석은, 그가 네게 어떤 방식으로 대하시든 그에게 감사를 돌려라(Ber. 9:5).

비록 우리가 살펴본 바와 같이, 상과 벌의 교리가 탈무드 가르침에서 중요한 위치를 차지하고 있지만, 하나님을 섬기는 일은 사심 없이 행해야 하며, 그의 계명은 순수한 동기에서 지켜야 한다고 거듭 권면되고 있습니다.

이 주제에 대해서 우리는 앞으로 더 깊이 연구하여야 할 것입니다. 현재로서는 두 가지 인용문만을 소개합니다.

① "복이 있도다, 여호와의 계명을 크게 기뻐하는 자여"(시 112:1). 이는 '그의 계명'을 기뻐하는 것이지, '그의 계명을 통해 받을 상'을 기뻐하는 것이 아님을 가르칩니다(A.Z. 19a).

② "주인을 섬기는 종이 되되, 상을 받는 조건으로 섬기는 종이 되지 말라. 상을 바라지 않고 주인을 섬기는 종이 되라. 그리고 하늘에 대한 경외심을 너희 위에 두어라"(Abo. 1:3)

이 두 인용문은 하나님의 계명을 지키는 데 있어 순수한 동기와 경외심의 중요성을 강조하고 있습니다.

"보상을 받는다는 조건 때문에 주인을 섬기는 종들과 같이 되지 말고, 보상을 받는다는 보장이 없어도 주인을 섬기는 종들과 같이 되라. 그리고 하늘에 대한 두려움이 너희에게 있게 하라"(Abo. I.3).

이는 우리가 이 세상을 떠나 하나님 앞에 서게 되었을 때 어떤 마음으로 하나님을 섬겼는지? 어떤 마음으로 주인을 섬겼는지? 속일 수 없기 때문입니다.

현재 내가 살아 있다는 것은 하나님이 지금 나에게 주신 위대한 선물이라는 것을 알아야 합니다. 우리는 살아 있는 현재 하나님의 일을 이루는데 내세의 보상 때문이 아니라 하나님의 기쁨에 참여하는 것이 즐거워서, 기뻐서 그저 감사하며 하나님의 일을 이루는 것입니다.

제 9 장

탈무드가 가르치는 인생

제9장
탈무드가 가르치는 인생

탈무드는 인생을 단순히 시작과 끝이 있는 여정으로 보지 않고, 사람의 성장, 배움, 그리고 도덕적·영적 성숙을 강조하는 여정으로 묘사합니다. 탈무드의 가르침에 따르면 인생은 개인의 선택, 책임, 그리고 신앙의 깊이를 통해 의미가 부여되는 과정으로 탈무드가 가르치는 인생 여정에 대해 알아보고자 합니다.

탈무드 아보트 5:21절에서 제시된 인생 단계와 더불어 60세부터 100세까지의 삶을 포함한 전체적인 가르침을 구성하여, 전 인생을 하나의 흐름으로 정리해 보겠습니다. 이 설명은 탈무드와 유대교 전통, 그리고 관련된 성경적 통찰을 결합하여 삶을 보다 포괄적으로 이해하도록 돕습니다.

전 인생의 단계와 가르침

유대교의 지혜 전통에서는 인간의 삶을 단순히 연령으로 나누는 것이 아니라, 각 단계에서 성취해야 할 영적, 도덕적, 사회적 책임과 발전의 과정으로 봅니다. 아래는 5세에서 100세까지의 삶을 전체적으로 구성한 가르침입니다.

1) 유년기: 5세~10세

5세에 성경 공부를 시작합니다. 이 단계는 토라(성경)의 기본 가르침을 배우며 삶의 기초를 형성하는 시기이며, 어린이는 순수한 마음과 강한 기억력을 통해 하나님의 말씀을 배우고, 도덕적 토대를 쌓습니다. 하나님의 말씀을 통한 기초 교육이 핵심입니다.

10세에는 미쉬나 공부를 시작합니다. 구전 율법(미쉬나)을 배우기 시작하며, 성경의 가르침을 실생활에 적용할 수 있는 실질적인 율법을 배우는 시기입니다. 논리적 사고와 분석 능력을 기르며, 도덕적 판단의 초석을 다지며, 실질적 율법과 논리적 사고 개발이 핵심입니다.

2) 청소년기: 13세~20세

13세는 계명을 책임지고 지킬 나이로 (바르/바트 미츠바), 13세는 종교적 성인이 되는 시점이며, 하나님의 계명을 책임감 있게 지키며 공동체 일원으로 성장하는 단계입니다. 종교적 책임과 독립적 신앙생활의 시작이 핵심입니다.

18세는 결혼할 나이로 가정을 이루고, 사랑과 책임을 통해 공동체에 기여하는 시기입니다. 유대교에서는 결혼을 인생의 중요한 전환점으로 보며, 이는 개인적 성숙과 헌신을 상징합니다. 관계를 통한 책임과 헌신의 성숙이 핵심입니다.

20세는 직업을 추구할 나이로 생계를 위해 직업을 추구하며, 사회적 책임과 자립심을 기르는 단계입니다. 이는 더 이상 어린아이가 아닌, 공동체를 위해 기여하는 성숙한 성인이 되는 것을 의미하며, 자립과 사회적 책임이 핵심입니다.

3) 성숙기: 30세~50세

30세는 완전한 힘을 얻는 나이로 신체적, 정신적 능력이 절정에 달하는 시기이며, 사회적 지도력과 영향력을 발휘할 수 있습니다. 개인적 강건함과 사회적 기여가 핵심입니다.

40세는 이해력을 얻는 나이로 경험과 학문을 통해 깊은 통찰력을 얻는 단계입니다. 이는 단순한 지식의 축적을 넘어 삶과 신앙에 대한 깊은 이해로 이어집니다. 통찰력과 지혜의 심화가 핵심내용입니다.

50세는 조언자로서의 역할을 할 나이로 후배나 자녀를 지도하며, 축적된 지혜로 공동체에 기여하는 시기입니다. 지도력과 조언자로서의 역할이 핵심입니다.

4) 노년기: 60세~80세

60세는 노년의 지혜를 드러낼 나이입니다. 경험을 바탕으로 공동체의 조언자와 본보기로서 역할을 강화합니다. 이 단계는 인생의 어려움을 초월하며, 신앙과 도덕적 모범을 보여주는 시기로 경험에서 우러나온 조언과 본보기가 핵심입니다.

70세는 만족과 성취를 느낄 나이로 성경(시 90:10)에 따르면 70세는 삶의 자연스러운 완성 단계로 간주됩니다. 이는 하나님께 감사하며, 성취와 만족을 누리는 시기이며, 감사와 성취의 완성이 핵심입니다.

80세는 강건함의 나이로 신체적으로 강건할 수 있는 나이는 지났을 수 있으나, 영적 강건함과 공동체의 축이 되는 단계입니다. 이는 삶의 깊은 신뢰와 인내를 통해 하나님께 의지하는 모습이 드러납니다. 영적 강건함과 의지가 핵심입니다.

5) 인생의 완성: 90세~100세

90세는 겸손과 명상의 나이입니다. 인생의 대부분을 살아온 후, 겸손히 하나님 앞에 자신을 돌아보고, 삶을 묵상하며 후손에게 지혜를 전수하는 시기입니다. 자기 성찰과 영적 유산 전수가 핵심입니다.

100세는 완전한 초월의 나이입니다. 100세는 지상에서의 삶과 영원한 삶의 경계선에 있는 상징적 시기로 이해되며, 이는 삶의 모든 경험을 초월하며 하나님과의 연합을 준비하는 단계입니다. 초월과 영원한 삶의 준비가 핵심입니다.

전 인생의 교훈은

첫 번째 단계적 성장입니다. 삶의 각 단계는 고유한 책임과 역할을 가지고 있으며, 이를 충실히 수행함으로써 도덕적, 영적 성장이 이루어집니다.

두 번째로 공동체적 삶입니다. 각 시기는 자신뿐만 아니라 가정과 공동체를 위한 기여를 요구합니다.

세 번째는 영적 초월입니다. 나이가 들수록 삶은 영적인 방향으로 나아가며, 하나님과의 관계를 심화시킵니다.

이러한 가르침은 인생이 단순한 나이의 축적이 아니라, 하나님과의 관계 안에서 지속적으로 성장하고 성숙하는 과정임을 가르칩니다. 이는 현대의 신앙인들에게도 각 삶의 단계에서 적합한 목표를 설정하고 충실히 살아가도록 영감을 줄 수 있습니다.

배움과 삶의 여정

랍비 힐렐의 가르침은 탈무드 샤바트(Shabbat) 31a에서 강조되었으며, 이는 유대교에서 배움과 도덕적 성장을 어떻게 이해하고 실천하는지를 잘 보여줍니다. 이 이야기를 성경과 탈무드의 가르침과 함께 깊이 있게 살펴보겠습니다.

한 이방인이 랍비 힐렐에게 토라 전체를 짧은 시간 안에 가르쳐 달라고 요청했을 때, 힐렐은 다음과 같은 간단하면서도 심오한 가르침을 남겼습니다. "당신이 미움받기를 원하지 않는 것을 다른 사람에게 하지 마십시오. 이것이 토라의 핵심입니다. 나머지는 모두 주석이니, 그것을 배우십시오."

힐렐의 이 말은 토라의 중심 메시지를 단순하고 명확하게 요약한 것으로, 이는 율법의 본질이 사람과 사람 사이의 관계에서 실현된다는 점을 강조합니다.

힐렐의 가르침은 '이웃 사랑'과 '도덕적 삶'의 성경적 근거를 바탕으로 하며, "네 이웃을 네 자신과 같이 사랑하라. 나는 여호와니라"(레 19:18)는 말씀과 연결됩니다. 이 말씀은 토라의 중심적 명령으로, 유대교와 기독교 모두에서 사랑과 도덕적 삶의 기초로 간주됩니다. 힐렐은 이를 '부정형'으로 바꾸어 표현했는데, 이는 구체적인 행동 지침으로 쉽게 이해되도록 한 것입니다.

긍정형: "네 이웃을 사랑하라."
부정형: "당신이 미움받기를 원하지 않는 것을 다른 사람에게 하지 마십시오."

힐렐의 말에서 "나머지는 모두 주석이니, 그것을 배우십시오"라는 부분은 매우 중요합니다. 이는 도덕적 삶의 중심은 간단한 원칙으로 요약될 수 있지만, 이를 제대로 실천하기 위해서는 지속적인 학습과 자기 성찰이 필요함을 강조한 것입니다.

탈무드에서는 배움을 삶의 중심으로 보고, 배우지 않는 것은 도덕적 실패로 연결된다고 말합니다.
"하나님은 토라를 배우고 실행하려는 사람에게만 자신을 드러내신다"(shab. 88b).
"세계는 세 가지 기둥 위에 서 있다: 토라(율법), 아보다(예배), 그리고 거밀루트 하사딤(선행)"(Abo. 1:2).

힐렐의 가르침은 이 세 가지 요소가 조화를 이루어야 함을 나타냅니다. 특히 선행은 도덕적 성장과 직접 연결됩니다. 힐렐의 말에 담긴 메시지는 단순한 도덕적 교훈을 넘어서, 배움이 끊임없는 과정이라는 점을 강조합니다. 이는 유대교에서 인간의 삶을 학습과 도덕적 성장의 여정으로 보는 관점과 일치합니다.

유대교 전통에서는 토라를 배우는 것은 끝나지 않는 여정으로 간주됩니다.
"이 말씀을 네 자녀에게 부지런히 가르치며, 집에 앉아 있을 때이든, 길을 갈 때이든, 누울 때이든, 일어날 때이든 이야기할 것이다"(신 6:7).

이는 삶의 모든 순간이 배움의 기회임을 보여줍니다.
"5세는 성경 공부를 시작하고, 10세는 미쉬나를 배우며… 40세에는 이해력을 얻는다"(Abo. 5:21).

우리가 앞에서 공부한 것과 같이 각 나이에 맞는 배움과 도덕적 책임이 요구됩니다.

성경은 도덕적 성장의 필요성을 강조하며, 이는 배우고 깨닫는 과정에서 실현됩니다.

"사람아, 주께서 선한 것이 무엇임을 네게 보이셨나니, 공의를 행하며 인자를 사랑하며 겸손하게 네 하나님과 함께 행하는 것이 아니냐"(미 6:8). 이는 삶의 모든 배움이 행동으로 이어져야 함을 보여줍니다.

힐렐의 가르침은 예수의 말씀과도 연결됩니다.

예수께서 말씀하시길, "네 마음을 다하고 목숨을 다하고 뜻을 다하여 주 너의 하나님을 사랑하라. 이것이 크고 첫째 되는 계명이요, 둘째도 그와 같으니 네 이웃을 네 자신과 같이 사랑하라. 이 두 계명이 온 율법과 선지자의 강령이니라"(마 22:37-40).

예수는 힐렐과 마찬가지로 사랑을 율법의 핵심으로 보았으며, 이를 통해 배움과 실천이 도덕적 삶으로 완성됨을 강조했습니다.

힐렐의 가르침은 현대에도 중요한 교훈을 제공합니다.
① 단순한 원칙에 충실하라. 도덕적 삶의 핵심은 간단한 원칙을 충실히 따르는데 있습니다.
② 끊임없이 배우라. 배움은 삶의 과정이며, 이를 통해 성경적 진리를 더욱 깊이 이해할 수 있습니다.
③ 행동으로 옮기라. 배움은 도덕적 성장과 구체적 행동으로 나타나야 합니다.

랍비 힐렐의 가르침은 배움과 도덕적 성장의 조화를 이룬 삶을 보여줍니다.

그의 말은 레위기의 "네 이웃을 네 자신과 같이 사랑하라"는 구절과 연결되고, 배움을 강조하는 탈무드의 정신과 일치하며, 예수의 사랑의 계명과도 공명합니다. 이는 우리가 배움을 통해 하나님과 이웃을 사랑하며, 지속적으로 성장하는 삶을 살아가야 함을 가르쳐줍니다.

고난과 성숙

탈무드 버라호트 5a에서 고난에 대해 다루는 가르침은 인생의 어려움을 깊이 있는 신학적, 철학적 관점에서 바라보게 합니다. 고난을 단순히 피해야 할 부정적인 것으로 간주하지 않고, 하나님께서 주시는 연단과 성숙의 기회로 받아들이는 시각을 제시합니다. 이를 성경과 탈무드의 가르침을 중심으로 세밀히 살펴보겠습니다.

1) 고난의 본질은 하나님의 연단입니다.

탈무드 버라호트 5a는 '이수림 쉘 아하바'(יסורים של אהבה, 사랑의 고난)로 묘사합니다. 여기서 고난은 하나님께서 사랑하시는 사람을 연단하고 그들의 영혼을 정화하는 도구로 이해됩니다.

탈무드는 "만약 고난이 당신을 찾아온다면, 자신을 시험하라. 당신의 행동을 점검하여 죄를 발견하라. 만약 죄가 없다면, 그것은 '사랑의 고난'이다"라고 설명합니다. 이는 모든 고난이 처벌로 주어진 것이 아니라, 영적 성장과 내면의 정화를 위한 하나님의 섭리로 이해되어야 함을 가르칩니다.

2) 성경의 고난에 대한 가르침은 하나님께서 사랑하시는 자를 징계하심으로 나타납니다. 이 개념은 성경에서 분명히 나타납니다.

"내 아들아, 여호와의 징계를 경히 여기지 말라. 그의 책망을 싫어하지 말라. 대저 여호와께서 그 사랑하시는 자를 징계하시기를, 마치 아버지가 그 기뻐하는 아들을 징계함 같이 하시느니라"(잠 3:11-12). 이는 고난이 아버지가 자녀를 사랑하여 그들을 더 나은 방향으로 인도하려는 의도로 주어진다는 것을 가르칩니다.

"주께서 그 사랑하시는 자를 징계하시고, 그가 받으시는 아들마다 채찍질하심이라. 징계가 다 유익하여 의와 평강의 열매를 맺게 하려 하심이라"(히 12:6-11). 이는 고난이 하나님의 자녀로서 성장하고 성숙하도록 돕는 과정임을 명확히 합니다.

욥은 의인이었음에도 불구하고 극심한 고난을 경험했습니다.
하나님께서는 욥에게 그의 고난이 단순한 벌이 아니라 하나님의 더 큰 계획 속에 포함된 것임을 알려주십니다(욥 38-42장). 욥은 고난을 통해 자신의 한계를 깨닫고 하나님을 더 깊이 이해하며 성숙에 이릅니다.
"내가 주께 대하여 귀로 듣기만 하였사오나, 이제는 눈으로 주를 뵈옵나이다"(욥 42:5).

3) 탈무드에서는 고난을 통해 도달할 수 있는 여러 가지 이점을 설명합니다.
탈무드는 고난을 죄의 정화를 위한 도구로 간주합니다. 이는 하나님께서 인간의 내면을 정결케 하시고, 보다 순수한 영적 상태로 이끄는 과정으로 이해됩니다.
"고난을 견딜 수 있는 사람은 그 영혼이 정화되고, 더 높은 수준의 영적 상태에 이르게 된다"(Ber. 5a).
여기서 고난은 인간의 자만심과 잘못된 생각을 내려놓게 하며, 하나님께 의

존하도록 도와줍니다.

탈무드는 고난이 이 세상에서의 보상이 아니라, 다음 세상에서의 영광을 위해 준비되는 과정이라고 가르칩니다.
"이 세상의 고난은 저 세상에서 주어질 상급의 서막이다"(Sanh. 101a). 이는 유대교가 고난을 단기적 관점에서 보지 않고, 영원한 시각에서 이해함을 보여줍니다.

탈무드에서는 고난을 마주할 때 감사와 신뢰의 태도로 받아들이라고 가르칩니다.
"무슨 일이든 감사로 받아들여라. 하나님께서 주시는 것은 모두 최선이다"(Ber. 60b).

4) 기독교에서도 고난은 성숙의 도구로 이해되며, 예수 그리스도의 고난과 희생은 이를 완벽하게 보여줍니다.
"우리가 환난 중에도 즐거워하나니, 이는 환난은 인내를, 인내는 연단을, 연단은 소망을 이루는 줄 앎이라"(롬 5:3-5).

고난은 궁극적으로 소망으로 이끄는 성숙의 도구로 이해됩니다.
"그리스도께서도 너희를 위하여 고난을 받으사, 너희에게 본을 끼쳐 그의 자취를 따라오게 하려 하셨느니라"(벧전 2:21). 예수는 고난 속에서도 하나님의 뜻을 따르는 모범을 보여주며, 신자들도 이와 같은 삶을 추구하도록 초대받습니다.

5) 힐렐과 탈무드의 가르침은 현대인에게도 다음과 같은 중요한 교훈을 제

공합니다.

고난은 단순히 피해야 할 것이 아니라, 도덕적 성숙과 영적 강인함을 얻는 도구로 받아들여야 합니다. 고난을 만났을 때, 자신의 삶과 행동을 돌아보고 교정할 부분을 발견하는 기회로 삼아야 하며, 고난 속에서도 하나님의 선하심과 계획을 신뢰하는 태도를 유지해야 합니다.

탈무드와 성경의 가르침은 고난을 단순히 인간의 고통으로 한정 짓지 않고, 하나님의 사랑과 섭리 속에서 이해합니다. 고난은 인간이 내면적으로 성숙하고, 하나님의 뜻에 더 가까이 다가가는 통로가 됩니다. 이러한 가르침은 인생의 어려움을 피하지 않고 수용하며, 성장의 발판으로 삼도록 이끌어줍니다.

탈무드와 성경적 관점에서의 책임과 자유의지

인간은 자유의지를 통해 선택을 할 수 있는 능력을 부여받았으며, 이 능력은 책임과 결부되어 도덕적 선택의 중요성을 드러냅니다. 탈무드 아보다 자라 3a는 이 주제를 다음과 같이 설명합니다.

"모든 것은 하늘의 손에 달려 있지만, 하나님을 경외하는 것은 인간의 손에 달려 있다."

이 문장은 하나님의 주권과 인간의 자유의지 사이의 긴장을 잘 표현합니다. 탈무드 문맥에서 이를 깊이 탐구하면, 다음과 같은 핵심 메시지를 발견할 수 있습니다.

1) 하나님의 주권과 자유의지

탈무드에서 "모든 것은 하늘의 손에 달려 있다"는 것은 하나님의 절대적인 주권을 인정하는 표현입니다. 생명의 탄생, 죽음, 환경적인 조건 등은 인간이 통제할 수 없는 영역으로, 하나님께 전적으로 의존한다는 뜻입니다. 그러나 '하나님을 경외하는 것'은 인간에게 주어진 도덕적 책임과 선택의 자유를 강조합니다.

'하나님을 경외하는 것'(יראת שמים)이란 단순히 두려움을 의미하는 것이 아니라, 하나님의 계명을 준수하고 도덕적으로 바르게 사는 삶을 선택하는 것을 가리킵니다. 이는 신앙의 핵심이며, 인간의 자유의지가 발휘되는 영역입니다.

'자유의지'(בחירה חופשית)는 유대 전통에서 하나님이 인간에게 주신 가장 중요한 선물 중 하나로 여겨집니다. 신명기 30:19절의 "생명과 죽음, 복과 저주를 네 앞에 두었나니, 너는 생명을 택하라"는 말씀은 인간이 자유롭게 도덕적 선택을 할 수 있는 능력을 부여받았음을 분명히 합니다.

2) 도덕적 선택의 중요성

탈무드 아보다 자라 3a의 가르침은 인간이 하나님께서 주신 자유의지를 통해 도덕적 선택을 해야 함을 상기시킵니다. 이는 삶의 모든 영역에서 적용됩니다. 선한 행동과 악한 행동 사이에서 인간은 늘 선택의 기로에 서 있습니다. 예를 들어, 하나님께서 주신 율법(토라)을 지키는 것은 인간의 책임이며, 선택에 따른 결과도 본인이 감당해야 합니다.

자유의지는 단순한 권리가 아니라 시험의 도구이기도 합니다. 욥기에서 욥은 고난 중에도 하나님을 믿는 선택을 함으로써 그의 자유의지를 실천한 사례를 보여줍니다.

3) 책임과 자유의지의 조화

책임과 자유의지는 서로 분리될 수 없습니다. 인간은 자유롭게 선택할 수 있는 능력을 가졌지만, 그 선택에는 항상 책임이 따릅니다.

자유의지는 단지 무엇을 할 수 있는 권리가 아니라, 선택한 결과에 대해 책임질 준비를 해야 한다는 것을 의미합니다. 이는 예레미야 17:10절에서 "나는 여호와라, 각 사람에게 그의 행위와 그의 행위의 열매대로 갚는다"는 말씀에서 잘 드러납니다.

탈무드는 인간이 하나님의 계명을 통해 자유를 누리되, 그 안에서 책임 있는 선택을 하도록 인도된다고 가르칩니다. 이는 신명기 6:5절의 "네 마음을 다하고 네 목숨을 다하고 네 힘을 다하여 네 하나님 여호와를 사랑하라"는 말씀과 연결됩니다.

오늘날 이 가르침은 인간이 선택의 결과를 직면하고, 신앙과 도덕적 기준에 따라 올바르게 행동할 것을 촉구합니다. 과학과 기술의 발전으로 인간은 더 많은 선택을 할 수 있는 자유를 얻었지만, 이로 인해 도덕적 책임도 더욱 중요해졌습니다. 예를 들어, 사회적 불평등이나 환경문제를 해결하기 위한 선택은 자유의지를 도덕적으로 사용하는 예입니다.

기독교적 관점에서도 자유의지는 하나님과의 관계를 심화시키는 도구로 여겨집니다. 예수님께서도 자유의지로 하나님의 뜻에 순종하며 인류를 위한 희생을 선택하셨습니다(마 26:39).

탈무드 아보다 자라 3a는 인간의 자유의지를 강조하면서도, 그 자유의지가 하나님의 뜻과 도덕적 책임에 의해 인도받아야 함을 가르칩니다. 이 가르침은 유대교와 기독교 모두에 중요한 신학적 기초를 제공합니다. 우리의 선택은 하나님이 주신 자유의지의 결과로, 삶에서 도덕적이고 신앙적인 방향을 설정하는 데 중요한 역할을 합니다.

삶의 목적은 하나님의 뜻을 실현하는데 있다.

탈무드와 미쉬나 아보트 2:2절은 삶의 목적을 단순히 영적인 활동에 국한시키지 않고, 영적 성장과 세속적 활동의 균형을 통해 하나님의 뜻을 실현하는데 있다고 가르칩니다. 이를 세부적으로 분석하면 다음과 같은 핵심 내용을 도출할 수 있습니다.

1) 탈무드와 인간 삶의 궁극적 목적

탈무드는 인간의 삶을 단순한 생존이나 개인적 성취의 장으로 보지 않습니다. 대신, 하나님의 뜻을 실현하고 세상을 더 나은 곳으로 만드는 것이 인간의 궁극적 소명이라고 가르칩니다. 이는 다음과 같은 유대교 사상에 뿌리를 둡니다.

하나님의 뜻은 토라(율법) 안에 명확히 드러나 있으며, 이를 준수하는 것이 하나님의 계획을 이루는 핵심 방법입니다.

"여호와께서 네게 구하시는 것이 무엇이냐? 공의를 행하며 인자를 사랑하며 겸손히 네 하나님과 함께 행하는 것이 아니냐?"(미 6:8) 이는 인간이 하나님의 뜻을 삶 속에서 구체적으로 실천해야 함을 가르칩니다.

유대교는 인간이 하나님의 동역자로서 세상을 완전하게 만드는 데 기여해야 한다고 강조합니다. 티쿤 올람(세상의 수리, 회복)은 삶의 모든 측면에서 선행과 정의를 통해 세상을 더 나은 곳으로 만드는 사명을 의미합니다.

3) 미쉬나 아보트 2:2절은 다음과 같이 가르칩니다.
"토라 공부와 함께, 세속적 노동도 중요하다. 이 두 가지가 균형을 이룰 때 삶이 온전히 유지된다." 이 말씀은 토라의 가르침과 세속적 활동이 상호보완적이며, 둘 다 하나님의 뜻을 실현하는 데 필수적임을 보여줍니다.

'토라 공부'(תורה תלמוד)는 인간이 하나님의 뜻을 배우고 내면화하는 과정입니다. 이를 통해 하나님의 법과 도덕적 지침을 이해하며, 실천할 준비를 합니다. 유대 전통에서는 토라 공부가 단순한 지적 활동이 아니라 영적 수양과 하나님의 뜻을 발견하는 행위로 여겨집니다.

'세속적 노동'(ארץ דרך)은 물리적 생계를 유지하는 수단일 뿐 아니라, 하나님의 창조 세계를 관리하고 돌보는 책임을 실천하는 활동입니다. 탈무드는 세속적 노동을 소홀히 하면 토라 공부도 지속될 수 없음을 강조합니다. 인간은 물질적 필요를 충족시키는 동시에, 그것을 통해 영적인 목적을 달성해야 합니다.

토라 공부와 노동이 균형을 이루지 않을 경우, 삶은 불안정해집니다. 만약 토라 공부만 한다면, 세속적 의무를 소홀히 하여 현실 세계에서 하나님의 뜻을 이루지 못할 수 있습니다.

반대로, 세속적 활동만 하면 영적 성장을 위한 방향성을 잃게 됩니다. 이는 전도서 3:1절의 말씀, "하늘 아래 모든 것에는 때가 있다"와 연결되며, 인간이 각 상황에서 적절한 역할을 감당해야 함을 가르칩니다.

3) 세속적 활동의 영적역할

미쉬나 아보트 2:2절은 세속적 활동조차도 하나님의 뜻을 실현하는 과정의 일부로 보아야 한다고 강조합니다. 이를 통해 모든 활동이 영적 성장과 연결될 수 있음을 가르칩니다.

유대 전통에서 노동은 단순한 경제적 활동이 아니라, 창조 세계에 참여하는 신성한 행위로 여겨집니다.
"여호와 하나님이 그 사람을 데려다가 에덴 동산에 두어 그것을 경작하며 지키게 하시고"(창 2:15), 이는 인간이 창조의 동역자로서 세상을 관리하고 개선해야 함을 보여줍니다.

탈무드는 인간이 세속적 노동을 통해 다음과 같은 영적 가치를 실천할 수 있다고 봅니다.
① 정직을 실천할 수 있습니다.
"정직한 저울은 여호와께서 기뻐하시나, 속이는 저울은 미워하신다"(잠 11:11).
② 사랑하고 이웃을 돌봅니다.
"네 이웃을 네 자신과 같이 사랑하라"(레 19:18).
③ 가족을 부양하고 사회에 기여합니다.
"누구든지 자기 친족, 특히 자기 가족을 돌보지 아니하면 믿음을 배반한 자요"(딤전 5:8).

오늘날 미쉬나의 가르침은 다음과 같은 방식으로 적용될 수 있습니다.
직업을 선택할 때 직업을 단순한 생계 수단으로 보지 않으며, 하나님의 뜻을 이루는 도구로 인식해야 합니다. 예를 들어, 사회적 책임을 다하는 직업은

티쿤 올람의 한 부분입니다. 일터에서도 정직과 윤리적 기준을 유지하며, 동료와 이웃을 배려하는 마음을 가져야 합니다.

또한 토라 공부와 생활의 균형을 이루며, 현대의 바쁜 삶 속에서도 신앙적 활동과 학문을 지속적으로 추구하는 것이 중요합니다. 미쉬나 아보트 2:2절은 토라 공부와 세속적 활동이 분리된 것이 아니라, 조화를 이뤄야 함을 가르칩니다. 이 균형을 통해 삶은 안정되고, 하나님의 뜻이 현실에서 이루어질 수 있습니다.

토라 공부는 삶의 방향성을 제공하고, 세속적 노동은 그 방향을 구체화하는 역할을 합니다. 결과적으로, 모든 활동이 하나님의 뜻을 실현하고 세상을 더 나은 곳으로 만드는 영적 여정의 일부가 됩니다.

탈무드적 관점의 죽음과 영원한 삶

탈무드는 죽음을 단순한 끝이 아니라, 영원한 삶으로 들어가는 문으로 봅니다. 이 가르침은 삶의 목적과 인간의 영적 준비를 강조하며, 탈무드 샤바트 153a에서 이를 명확히 설명합니다. "항상 회개할 준비를 하라"는 탈무드의 교훈은 죽음에 대한 준비와 영원한 삶의 중요성을 조화롭게 연결합니다.

탈무드 샤바트 153a에서는 랍비 엘리에제르의 가르침이 다음과 같이 기록되어 있습니다.
"항상 회개할 준비를 하라. 왜냐하면 사람이 언제 죽을지 모르기 때문이다."

이 가르침은 세 가지 주요 교훈을 담고 있습니다.

① '항상 회개할 준비하라'에서 '항상'이라는 단어는 일회성의 회개가 아니라, 지속적이고 일상적인 회개의 태도를 요구합니다. 이는 단지 죽음의 순간을 대비하는 것이 아니라, 매 순간 하나님 앞에서 삶을 정결하고 의롭게 살아야 함을 의미합니다.
② '회개'(תשובה, 터슈바)는 단순히 죄를 고백하는 것을 넘어, 하나님께 돌아가는 행위입니다. 이는 삶의 방향을 바꾸고, 하나님의 뜻에 따라 살아가는 결단을 내리는 것을 포함합니다.
③ 회개는 인간이 죽음 이후 영원한 삶에서 하나님과 화목한 관계를 유지하기 위한 준비로 여겨집니다.

랍비 엘리에제르는 죽음이 언제 다가올지 모르므로, 매일을 마지막 날처럼 살아야 한다고 가르칩니다. 이는 삶을 소중히 여기고, 순간순간을 하나님께 헌신하도록 촉구합니다.

유대교와 탈무드는 죽음을 단순히 생물학적 종말로 보지 않고, 영원한 삶의 시작으로 봅니다. 이러한 관점은 성경과 밀접하게 연결됩니다.

죽음은 새로운 시작입니다. 전도서 12:7절의 "흙은 여전히 땅으로 돌아가고, 영은 그것을 주신 하나님께로 돌아가리라"는 이 구절은 죽음이 단순한 소멸이 아니라, 영혼이 하나님께 돌아가는 과정임을 보여줍니다. 탈무드는 이 구절을 바탕으로, 죽음 이후의 삶이 하나님의 임재 안에서 이루어지는 새로운 차원임을 강조합니다.

탈무드는 죽음 이후 영원한 삶(עלם הבא, 올람 하바)을 준비하는 현세(הזה עלם, 올람 하제)를 시험의 장으로 봅니다. 피르케이 아보트 4:21절의 "이 세상은 영원한 세상을 위한 현관이다. 현관에서 준비하지 않는다면, 연회장으로 들어갈 수 없다"는 이 가르침은 현세의 삶이 영원한 삶의 방향을 결정짓는 준비 기간임을 강조합니다.

회개는 죽음을 대비하고 영원한 삶을 준비하는 핵심적인 행위로 여겨집니다. 이는 세 가지 차원에서 설명할 수 있습니다.
과거의 죄를 회개함으로써, 인간은 하나님 앞에서 깨끗한 상태를 회복합니다.
"너희의 죄가 주홍 같을지라도 눈과 같이 희어질 것이요"(사 1:18).

회개는 단순히 죄를 용서받는 행위가 아니라, 현재의 삶에서 도덕적, 영적 변화를 이루는 실천입니다. 이는 행동, 말, 그리고 마음의 방향을 하나님께 맞추는 지속적인 과정입니다.

탈무드는 영원한 삶에서 하나님과의 화목한 관계를 위해 현세에서의 회개를 필수적인 준비 과정으로 봅니다.
"이스라엘아, 네 하나님 여호와께 돌아오라… 말로 하나님께 아뢰기를, 우리의 모든 죄악을 용서하시고"(호 14:1-2).

오늘날 이 가르침은 다음과 같은 방식으로 적용될 수 있습니다.
탈무드의 가르침은 삶의 가치와 우선순위를 정하여 인간이 삶을 소모적으로 낭비하지 않고, 매 순간 의미를 부여하며 살아가도록 독려합니다. 예를 들어, 가족과의 시간, 사회적 기여, 이웃 사랑 등의 행위는 영원한 삶을 준비하는 과정의 일부로 여겨질 수 있습니다.

죽음에 대한 성찰은 삶의 우선순위를 바르게 잡아줍니다. 물질적 성공이나 일시적인 즐거움이 아니라, 영적인 성장과 하나님과의 관계가 궁극적인 목적임을 상기시킵니다.

"항상 회개하라"는 교훈은 현대의 빠르게 변화하는 환경에서도 자신의 영적 상태를 점검하고, 하나님 앞에 바르게 서기 위한 자기 성찰을 강조합니다.

탈무드 샤바트 153a와 성경의 가르침은 인생이 단순히 한 번의 여정으로 끝나는 것이 아니라, 영원한 삶으로 이어지는 준비 과정임을 강조합니다. 죽음은 두려움의 대상이 아니라, 하나님과 영원히 함께하는 삶을 시작하는 관문으로 여겨야 합니다.

이를 위해 현세에서의 삶은 단순히 물질적 성취를 위한 것이 아니라, 도덕적, 영적 성장과 하나님의 뜻을 실현하는 데 초점이 맞추어져야 합니다. 결국, "항상 회개할 준비를 하라"는 탈무드의 가르침은 죽음을 준비하는 삶이 곧 충만한 삶을 살아가는 길임을 가르쳐 줍니다.

공동체와 관계의 중요성에 대한 탈무드적 가르침

탈무드와 유대교 전통은 공동체와 관계의 중요성을 인간 존재의 본질적 요소로 강조합니다. 특히 탈무드 타아니트 23a에서 나오는 "혼자 사는 사람은 기쁨도 슬픔도 온전히 경험할 수 없다"는 가르침은, 인간이 혼자서는 완전한 삶을 누릴 수 없고, 공동체를 통해 하나님의 뜻을 실현할 수 있음을 상기시킵니다.

탈무드 타아니트 23a에서 이 가르침은 다음과 같은 문맥에서 다루어집니다.
한 랍비가 혼자 사는 삶을 선택한 경우에 대해 논의하며, 공동체적 삶이 인간의 감정과 경험을 온전히 형성한다는 사실을 보여줍니다.

'기쁨'이란 인간이 혼자서 기쁨을 누릴 수 있지만, 다른 사람들과 나눌 때 그 기쁨은 배가됩니다. 공동체적 기쁨은 개인적 기쁨을 초월하며, 인간의 내적 충만감을 제공합니다. 예를 들어 결혼식이나 출생, 축제와 같은 순간은 함께 나눌 때 더 큰 의미를 가집니다.

'슬픔' 또한 혼자서는 감당하기 어려운 감정입니다. 공동체는 위로와 지지를 통해 슬픔을 경감시키고, 회복의 과정에서 중요한 역할을 합니다. 예를 들면 장례식이나 위기 상황에서 다른 사람들의 도움은 필수적입니다.

이 가르침은 인간이 본질적으로 사회적 존재이며, 관계를 통해 성장하고 성숙해진다는 점을 강조합니다. 창세기 2:18절의 "여호와 하나님이 이르시되 사람이 혼자 사는 것이 좋지 아니하니, 내가 그를 위하여 돕는 배필을 지으리라"는 이 말씀은 인간이 처음부터 관계 속에서 존재하도록 창조되었음을 보여줍니다. 인간은 단순히 개인의 성공이 아니라, 공동체를 위한 삶을 통해 하나님의 뜻을 실현합니다.

유대교 전통에서 공동체는 단순히 사람들이 모여 사는 공간이 아니라, 하나님의 목적을 이루는 중요한 도구로 간주됩니다. 공동체는 토라 공부와 예배를 함께하며 영적 성장을 도모합니다. 유대교의 공공 예배(민얀, Minyan)는 최소 10명이 모여야 가능하며, 이는 공동체의 중요성을 상징합니다. 공동체는 서로의 필요를 채우고, 도덕적 책임을 나눔으로써 하나님의 정의와 자비를 구현합니다. 탈무드 샤부오트 39a에서 "모든 이스라엘 사람은 서로에게 책임이 있다"는 가르침은 개인이 공동체와 불가분의 관계에 있음을 보여줍니다.

유대교는 인간의 삶을 하나님과의 언약 속에서 정의합니다. 공동체는 하나님과의 관계를 실천하는 장입니다. 레위기 19:18절의 "네 이웃을 네 자신과 같이 사랑하라"는 계명은 관계와 사랑의 중요성을 명확히 보여줍니다.

오늘날 탈무드의 가르침은 다양한 방식으로 적용될 수 있습니다. 가족과 이웃은 가장 가까운 공동체로, 탈무드는 이들과의 관계가 하나님의 사랑을 실천하는 기초임을 강조합니다. 가족 간의 대화, 이웃 간의 도움과 같은 행동은 작은 공동체 안에서의 책임을 실현합니다.

현대 사회에서의 고립감과 단절은 개인의 정신적, 영적 건강에 부정적인 영향을 미칩니다. 지역 공동체와 교회, 봉사활동에 참여하는 것은 개인이 공동체의 일원으로 소속감을 느끼고, 관계 속에서 성장하도록 돕습니다.

글로벌화된 세상에서 공동체는 지역을 넘어 확장되었습니다. 이웃 사랑의 범위는 국가, 인종, 종교를 초월하며, 서로 돕고 화합하는 것이 하나님의 뜻을 실현하는 길입니다. 재난 구호 활동이나 기부, 평화 운동과 같은 활동은 현대적 맥락에서 공동체의 중요성을 실천하는 방법입니다.

탈무드 타아니트 23a의 가르침은 공동체와의 관계가 인간 삶의 필수적인 요소임을 강조합니다. 인간은 단독으로 완전한 삶을 살 수 없으며, 공동체 속에서 서로 사랑하고 돕는 과정에서 하나님의 뜻을 실현할 수 있습니다. 공동체는 기쁨을 배가시키고, 슬픔을 경감시키며, 인간의 삶을 풍요롭게 만듭니다. 공동체는 하나님께로 나아가는 길을 제공하며, 이웃을 돌보는 책임을 실천하는 장입니다.

가정, 교회, 지역사회에서의 관계를 통해, 우리는 하나님의 사랑을 구현하고 세상을 더 나은 곳으로 만들 수 있습니다. 결국, 공동체적 삶은 인간 존재의 본질이자 하나님의 계획을 이루는 중요한 도구입니다.

탈무드는 인생을 단순히 생존하거나 목표를 달성하는 과정으로 보지 않고, 지속적인 배움과 도덕적·영적 성장의 과정으로 봅니다. 삶의 여정은 하나님과의 관계, 타인과의 관계, 그리고 자기 자신과의 관계 속에서 끊임없이 완성되어 가는 과정입니다. 이를 통해 삶은 단순한 생물학적 과정이 아니라, 하나님의 뜻을 이루는 성스러운 여정이 됩니다.

제10장

탈무드가 가르치는 인생 여정

제10장
탈무드가 가르치는 인생 여정

임신과 태교

탈무드 니다 30b는 태아가 어머니의 태중에서 특별한 영적 상태에 있음을 묘사하며, 출생 준비와 태교의 중요성을 강조합니다. 이 가르침은 태아가 단순한 생물학적 존재가 아니라, 영적 성숙과 하나님의 말씀과 연결된 상태에 있음을 보여줍니다.

탈무드 니다 30b는 태아가 어머니의 태중에서 다음과 같은 상태에 있다고 가르칩니다.
"빛이 그의 머리 위에 비추고, 천사가 그에게 토라 전체를 가르친다."
'빛이 그의 머리 위에 비춘다'는 의미는 태아가 어머니의 태중에서 하나님의 임재와 보호를 받고 있음을 상징합니다. 이는 태아가 단순히 생물학적 성장만이 아니라, 영적으로도 하나님의 계획안에 있음을 나타내며, '빛'은 지혜와 계시를 상징하며, 태아가 이미 하나님의 가르침과 연결되어 있다는 점을 강조합니다.

'천사가 토라 전체를 가르친다'는 의미는 태아가 어머니의 태중에서 천사로부터 하나님의 율법(토라)을 배우는 상태에 있다고 합니다. 이는 태아가 출생 이전부터 영적 훈련과 준비를 경험한다는 유대교 전통의 독특한 가르침입니다. 토라를 배운다는 것은 태아가 단순히 생명체로 존재하는 것이 아니라, 하나님과의 언약적 관계 안에 있다는 것을 의미합니다.

탈무드의 이 가르침은 임신과 태교를 단순히 아이를 기다리는 시간이 아니라, 어머니와 태아 모두의 영적 상태를 준비하는 기간으로 봅니다. 어머니는 태아에게 영향을 미치는 영적 환경을 제공하는 중요한 존재로 간주되며, 어머니의 생각, 행동, 심리 상태는 태아에게 직접적인 영향을 미친다고 여깁니다. 탈무드는 임신한 어머니가 하나님의 말씀을 묵상하고, 긍정적인 생각과 행동을 통해 태아의 영적 상태를 준비해야 한다고 강조합니다.

태아는 단순한 생물학적 존재가 아니라, 하나님의 형상대로 창조된 존재로 간주됩니다. 이는 임신 기간 동안 태아를 경외심과 존중의 태도로 대해야 함을 의미합니다. 임신 기간은 단순히 아이를 출생시키기 위한 준비가 아니라, 태아가 세상에서 하나님의 뜻을 실현할 수 있도록 준비하는 과정으로 여겨집니다.

태아는 태중에서 영적으로 훈련받으며, 태어날 때 배운 모든 것을 잊는다고 탈무드는 가르칩니다. 그러나 이 가르침은 태아가 내면적으로 하나님의 가르침에 연결되어 있음을 강조하며, 어머니와 공동체가 이 영적 준비를 돕도록 권장합니다.

탈무드의 가르침은 현대의 임신과 태교에도 다음과 같은 방식으로 적용될 수 있습니다.

어머니가 임신기간 동안 기도와 묵상, 긍정적인 행동을 실천하면, 태아가 더 나은 영적 환경에서 자랄 수 있다고 가르칩니다. 현대 연구에서도 어머니의 심리적 안정과 긍정적인 태도가 태아에게 긍정적인 영향을 미친다는 점이 밝혀졌습니다.

유대교 전통에서는 가족과 공동체가 임신한 여성을 지지하고 축복하며, 그들을 위해 기도하는 것이 중요합니다. 이는 태아의 영적 성장을 돕는 환경을 조성하는 데 필수적입니다. 출산 전 어머니와 가족은 태아가 하나님의 말씀과 연결될 수 있도록 노력해야 합니다. 이는 성경 읽기, 예배 참석, 도덕적 삶의 실천을 통해 이루어질 수 있습니다.

탈무드 니다 30b의 가르침은 태아가 어머니의 태중에서 단순한 생물학적 성장이 아니라, 하나님의 가르침과 연결된 영적 준비 과정을 겪고 있음을 강조합니다. 이를 통해 임신과 태교는 단순히 출산 준비의 기간이 아니라, 하나님의 계획 안에서 태아와 어머니 모두의 영적 성숙을 이루는 중요한 시간임을 깨닫게 합니다.

현대의 임신과 태교에도 이러한 가르침을 적용하여 어머니와 태아 모두가 더 나은 영적 환경에서 준비되도록 돕는 것이 중요합니다.

출생 (לֵידָה)과 감사기도

출생은 단순한 생물학적 사건이 아니라, 하나님의 창조적 역사와 섭리가 드러나는 신성한 순간으로 여겨집니다. 유대교 전통에서 출생은 하나님의 은혜와 인간 생명의 신비를 깊이 체험하는 순간이며, 이를 기리기 위해 감사기도가 드려집니다. 이 감사기도는 출생의 중요성을 표현하며, 새로운 생명을 주신 하나님께 경배하는 방식입니다.

유대교 전통과 탈무드는 출생을 하나님께서 주관하시는 중요한 사건으로 봅니다. 이는 하나님께서 생명을 주시는 분임을 인정하며, 인간이 하나님의 창조 사역에 동참한다는 점을 강조합니다.

욥기 33:4절은 "하나님의 영이 나를 지으셨고, 전능자의 숨결이 나를 살게 하셨나이다"라고 말합니다. 이는 출생이 단순한 생물학적 과정이 아니라, 하나님의 창조적 능력과 은혜의 결과임을 보여줍니다.

시편 139:13-14절을 보면 "주께서 내 내장을 지으시며, 나의 모태에서 나를 만드셨나이다… 주의 행사가 기이함을 내 영혼이 잘 아나이다"라고 합니다. 이 구절은 인간의 생명이 하나님의 섭리 안에서 계획되고 이루어진다는 점을 강조합니다.

출생은 단순히 새로운 생명의 시작이 아니라, 하나님의 계획과 약속이 실현되는 순간입니다. 이는 아브라함과 사라가 이삭의 출생을 통해 하나님의 언약을 체험한 사례(창 21:1-7)에서 잘 드러납니다. 이삭의 출생은 하나님의 약속이 성취된 순간으로, 모든 출생이 하나님의 주권 아래 있음을 상기시켜 줍니다.

출생 시 드리는 감사기도는 하나님께서 생명을 주신 은혜를 인정하며, 그분께 영광을 돌리는 중요한 예식입니다.

감사기도의 내용입니다.

"우리 하나님이시며 세상의 왕이신 여호와께 감사하나이다. 어머니의 태에서 생명을 나오게 하신 분이시며, 우리 하나님이시며 세상의 왕이신 여호와이십니다."

하나님은 생명의 주관자이시며, 모든 만물의 창조주이십니다. 출생 감사기도를 통해 유대인들은 하나님께서 인간 생명을 창조하시고 세상을 다스리시는 분임을 고백합니다.

"어머니의 태에서 생명을 나오게 하신 분"이란 이 표현은 하나님께서 어머니의 태를 통해 새로운 생명을 이끌어 내신다는 점을 강조합니다. 출생 과정은 인간의 노력이나 의지만이 아니라, 하나님의 주권과 은혜에 의한 것임을 상기시킵니다.

감사기도는 출생이 하나님의 창조적 행위이며, 모든 생명은 그분의 손길로 이루어진다는 점을 인정합니다. 감사기도는 인간이 생명을 얻는 과정에서 하나님께 감사를 드리는 겸손한 태도를 반영합니다. 감사기도는 단순히 과거의 사건을 기리는 것이 아니라, 새로운 생명이 하나님 안에서 축복받은 존재임을 선언하는 의식입니다.

유대교에서 출생은 단지 개인이나 가정의 사건이 아니라, 공동체 전체의 축복으로 여겨집니다. 유대 전통에서는 출생한 아이와 어머니를 위해 공동체가 기도와 축복을 드립니다. 이러한 행위는 새로운 생명이 공동체에 축복이자 하나님의 선물임을 나타냅니다.

남자 아이의 경우, 출생 후 8일째 할례를 통해 언약 공동체의 일원으로 공식적으로 들어가며, 이때 이름이 주어집니다. 이는 아이가 하나님과 공동체와의 관계 안에 들어가게 됨을 상징합니다. 이 의식은 출생이 단순히 개인의 시작이 아니라, 하나님의 언약과 공동체 안에서 이루어지는 사건임을 강조합니다.

탈무드의 가르침은 오늘날에도 출생의 신성함과 감사기도의 중요성을 상기시킵니다. 부모는 출생을 통해 하나님의 창조적 역사와 축복을 경험하며, 새로운 생명을 양육할 책임을 지게 됩니다. 감사기도는 부모가 자신을 아이의 생명의 주관자가 아니라, 하나님께서 맡기신 청지기로 여기는 태도를 가지게 합니다.

현대에서도 공동체는 출생을 축복하고, 아이가 하나님의 뜻 안에서 성장할 수 있도록 지지해야 합니다. 교회나 회당에서의 축복기도는 이러한 유대교 전통을 현대적으로 적용하는 좋은 예입니다.

출생 감사기도는 모든 생명이 하나님으로부터 온 신성한 선물임을 강조하며, 현대 사회에서 생명을 경시하는 태도에 도전합니다. 모든 생명은 존귀하며, 이를 인정하는 태도가 필요합니다.

유대 전통에서 출생은 단순한 생물학적 사건이 아니라, 하나님의 창조적 역사와 축복의 실현입니다. 감사기도는 이러한 신학적 의미를 인정하며, 하나님께 감사를 드리는 중요한 의식입니다. 부모와 공동체는 출생을 통해 하나님의 섭리와 은혜를 경험하며, 새로운 생명이 하나님의 뜻 안에서 자랄 수 있도록 기도와 축복을 통해 함께해야 합니다. 출생 감사기도는 현대에도 하나님의 은혜와 생명의 소중함을 되새기게 하는 중요한 신앙적 전통입니다.

할례 (בְּרִית מִילָה)

할례는 유대교에서 중요한 종교적 의식으로, 하나님과 이스라엘 백성 사이의 언약을 나타내는 표징으로 간주됩니다. 성경적 근거와 함께 축복기도는 이 의식의 신학적 중요성과 영적 의미를 더욱 부각합니다. 할례는 남자 아이가 태어난 후 8일째 행해지며, 이는 단순한 신체적 행위가 아니라 하나님의 언약과 공동체에 대한 소속감을 상징합니다.

할례의 성경적 근거는 창세기 17:11절에 명확히 나타납니다.
"너희는 너희 포피의 살을 베어라. 이것이 나와 너희 사이의 언약의 표징이 될 것이다."

창세기 17장에서 하나님은 아브라함과 언약을 맺으시며, 할례를 이 언약의 영원한 표징으로 정하셨습니다. 할례는 하나님과 아브라함의 후손들 사이에 맺어진 언약의 물리적이고 영적인 표시로, 모든 남자에게 요구되었습니다(창 17:12-14).

할례는 하나님과 이스라엘 백성 사이의 언약 관계를 나타냅니다. 이는 이스라엘 백성이 하나님의 특별한 백성으로 선택되었음을 상징합니다. 할례는 하나님의 명령에 대한 순종의 행위이며, 하나님께 헌신하는 삶의 시작을 의미하며, 할례는 영적, 도덕적 정결함을 상징하며, 인간의 육적인 본성을 다스리는 것을 의미합니다.

할례는 축복 기도와 함께 진행되며, 이 기도는 의식의 신학적 의미를 강조합니다.

"우리 하나님이시며 세상의 왕이신 여호와여, 계명으로 우리를 거룩하게 하시고 할례를 명령하신 분이십니다."

'우리 하나님이시며 세상의 왕이신 여호와여'라고 하나님께서는 만물의 주관자이시며, 이스라엘 백성을 선택하신 분임을 선언합니다. 이는 하나님과의 특별한 관계를 강조하며, 할례가 단순한 인간의 행위가 아니라 하나님의 명령임을 나타냅니다.

'계명으로 우리를 거룩하게 하시고', 즉 할례는 하나님께서 이스라엘 백성을 거룩하게 하시기 위해 주신 계명 중 하나입니다. 이를 통해 이스라엘 백성은 하나님의 백성으로 구별됩니다.

'거룩하게 하다'는 표현은 할례가 단순히 외적인 행위가 아니라, 영적 정결과 헌신을 의미한다는 점을 나타냅니다.

'할례를 명령하신 분'이란 구절은 할례가 하나님의 직접적인 명령임을 강조합니다. 이는 하나님의 말씀에 순종하는 행위로, 이스라엘 백성이 하나님의 언약 관계 안에 있음을 선언하는 것입니다.

할례는 아브라함의 후손이 하나님과의 언약 안에서 살아가는 공동체의 일원임을 상징합니다. 이는 단지 개인적 행위가 아니라, 이스라엘 공동체 전체의 신앙적 정체성을 나타냅니다. 신약에서도 바울은 할례를 믿음의 상징으로 해석하며, 마음의 할례가 더 중요함을 언급합니다(롬 2:28-29).

할례는 하나님의 명령에 대한 순종의 상징이며, 하나님께 완전히 헌신하는 삶을 약속하는 의식이며, 이는 부모가 자녀를 하나님께 맡기는 첫 단계로, 아이를 하나님과 공동체에 연결하는 신앙적 행동입니다. 할례는 영적 정결함을 상징하며, 하나님과의 관계에서 죄를 멀리하고 정결한 삶을 살아야 한다는 메시지를 담고 있습니다.

오늘날 할례는 유대교뿐 아니라, 기독교 신학에서도 중요한 상징적 의미를 지닙니다.

유대교에서는 남자 아이가 태어난 후 8일째 할례를 행합니다. 이때 공동체가 함께 모여 축복 기도를 드리며, 아이가 하나님의 언약 공동체에 속하게 됨을 축하합니다. 이 의식은 아이와 부모가 하나님의 언약에 헌신할 것을 다시 한번 다짐하는 시간입니다.

신약성경에서 할례는 물리적인 행위보다는 마음의 할례, 즉 내면의 정결함과 믿음의 순종을 강조합니다(골 2:11-12). 이는 물리적인 할례의 의미를 내면적이고 영적인 변화로 확장하여 이해합니다.

현대 신앙인에게 할례는 하나님께 순종하고 헌신하는 삶의 상징으로 해석됩니다. 이는 매일의 삶 속에서 하나님의 말씀에 순종하며, 정결하고 헌신된 삶을 살아야 한다는 메시지를 전달합니다.

할례는 하나님과 이스라엘 백성 사이의 특별한 언약 관계를 상징하는 신성한 의식입니다. 이는 단순한 신체적 행위가 아니라, 하나님께 대한 순종과 헌신, 그리고 영적 정결함을 상징하는 깊은 신앙적 의미를 담고 있습니다. 축복 기도를 통해 우리는 할례가 하나님께서 우리를 거룩하게 하시는 은혜와 그분의 언약에 응답하는 순종의 행위임을 깨닫게 됩니다.

현대의 신앙에서도 할례의 가르침은 믿음과 헌신, 영적 정결함의 중요성을 상기시키며, 하나님의 언약 안에서 사는 삶의 본질을 깊이 이해하도록 돕습니다.

이름 부여 (שֵׁם)

이름 부여는 유대교에서 인생 여정의 중요한 단계로 간주됩니다. 이름은 단순히 개인을 식별하는 수단이 아니라, 그의 정체성, 운명, 그리고 영적 사명을 반영하는 깊은 의미를 지닙니다. 이름은 하나님과의 관계와 공동체 안에서의 역할을 상징하며, 출생 후 곧바로 행해지는 종교적 의식의 중요한 부분으로 자리 잡고 있습니다.

의식 중 이름 선언은 보통 다음과 같은 방식으로 진행됩니다.
"그의 이름은 이스라엘에서 … 라고 불릴 것이다."
(히브리어: ... יִקָּרֵא שְׁמוֹ בְּיִשְׂרָאֵל)

남자 아이의 경우, 할례의식에서 이름이 공식적으로 선언됩니다. 할례는 출생 후 8일째 진행되며, 이때 이름이 공동체 앞에서 선포됩니다. 여자 아이의 경우, 출생 후 회당에서 토라 봉독 중 아이의 이름이 선언됩니다.

부모는 아이의 이름을 선택하고, 이 이름은 회당이나 의식 중에 공식적으로 선포됩니다. 이름 선언은 하나님과 공동체 앞에서 아이를 새로운 생명의 주체로 소개하는 중요한 순간입니다. 유대교에서 이름은 단순한 호칭 이상의 신학적 의미를 지니며, 개인의 운명과 정체성, 그리고 공동체에서의 역할을 나타냅니다.

　유대 전통에서는 이름이 하나님께서 주신 특별한 축복으로 여겨집니다. 이름은 한 개인이 하나님의 계획 안에서 어떤 역할을 맡을 것인지를 상징합니다. '아브라함'(אַבְרָהָם, 많은 민족의 아버지)과 '사라'(שָׂרָה, 여왕)의 이름은 하나님의 약속을 반영하며, 그들의 역할과 사명을 드러냅니다.

　유대 전통에서 이름은 개인의 정체성과 운명을 형성하는 중요한 요소로 간주됩니다. 이름은 그 사람의 성격, 소명, 그리고 삶의 방향성을 나타냅니다. '모세'(מֹשֶׁה, 물에서 건져내다)의 이름은 그의 출생 상황과 이스라엘 백성을 구원하는 그의 사명을 동시에 반영합니다.

　"이스라엘에서 … 라고 불릴 것이다"라는 선언은 이름이 단지 개인적인 것이 아니라, 공동체 안에서 그의 역할과 위치를 상징함을 나타냅니다. 이름은 한 개인이 공동체의 일원으로 받아들여지는 순간을 상징하며, 공동체의 축복과 지지를 받는 첫 단계입니다.

　이름은 아이에게 자신의 정체성과 가족 및 공동체와의 연결성을 인식시키는 첫 단계입니다. 유대교에서는 이름을 통해 아이가 부모의 신앙적 전통과 가족의 유산을 물려받게 된다고 여깁니다.

　이름은 아이가 하나님의 계획 안에서 어떤 소명을 가지고 있는지를 나타냅니다. 이는 부모가 신중하게 이름을 선택해야 하는 이유 중 하나입니다. 이름에 담긴 의미는 아이의 삶에 영향을 미치며, 하나님과의 관계를 상기시킵니다. 이름 선언은 아이가 공동체의 일원으로 환영받고 축복받는 순간입니다. 공동체는 아이의 신앙적 성장과 삶의 여정을 지원할 것을 다짐합니다.

할례식에서 아이의 이름이 선포됩니다. 이는 아이가 하나님의 언약 공동체의 일원이 되었음을 상징하며, 이름을 통해 그의 정체성과 역할을 공식적으로 부여받습니다. 여자 아이의 경우는 출생 후 회당에서 이름이 선언됩니다. 이는 그녀가 가족과 공동체의 일원으로 받아들여졌음을 상징합니다. 이 과정에서 가족과 공동체는 아이의 삶을 위해 기도하며, 하나님의 축복을 간구합니다.

부모는 아이의 이름을 선택하는 데 있어 신중해야 하며, 이름의 의미와 신학적 중요성을 고려해야 합니다. 이는 아이가 성장하면서 자신이 누구인지, 하나님 안에서 어떤 사명을 가졌는지를 깨닫게 도와줍니다.

공동체는 이름 선언 의식을 통해 아이를 환영하고 축복하며, 아이가 공동체 안에서 신앙과 도덕적 가르침을 배우도록 돕습니다. 현대 유대교에서도 이름 선언은 가족과 공동체가 함께 축하하는 중요한 순간으로 간주됩니다.

이름 부여는 유대교에서 단순히 개인을 식별하기 위한 행위가 아니라, 하나님의 계획 안에서 정체성과 사명을 부여받는 신성한 순간입니다. 이름은 아이가 하나님의 언약 공동체의 일원이 되었음을 상징하며, 그의 삶에서 하나님과 공동체와의 관계를 나타냅니다.

이름 선언은 부모와 공동체가 함께 아이를 축복하고, 그의 영적 여정을 위해 기도하는 시간이며, 이를 통해 아이는 하나님의 특별한 보호와 계획 안에서 새로운 생명을 시작하게 됩니다.

성인식 (מִצְוָה בַּת/בַּר)

'바르 미쯔바'(בַּר מִצְוָה)와 '바트 미쯔바'(בַּת מִצְוָה)는 유대교에서 성인식을 의미하며, 신앙적 성숙과 책임의 새로운 단계를 시작하는 중요한 의식입니다. 이 의식은 남자 아이가 13세, 여자 아이가 12세가 되었을 때 이루어지며, 이때 아이는 스스로 토라(율법)를 지키고, 하나님의 계명에 순종할 책임을 공식적으로 받아들입니다.

바르 미쯔바는 '계명의 아들'이라는 뜻으로, 이 시점에서 남자아이는 유대교 율법과 계명에 대해 개인적인 책임을 지기 시작합니다. 바트 미쯔바는 '계명의 딸'이라는 뜻으로, 여자아이는 이 의식을 통해 성인으로서 신앙적 책임을 지게 됩니다.

이전에는 부모가 아이의 종교적 책임을 지지만, 성인식 이후에는 아이가 스스로 하나님의 계명을 지키고, 공동체의 일원으로서 신앙적 책임을 다하게 됩니다. 이 의식은 단순히 성인이 되는 법적 선언이 아니라, 신앙의 성숙을 의미하는 영적인 전환점입니다.

성인식에서 가장 중요한 부분은 '토라 낭송'(Torah Reading)과 이에 대한 '축복'입니다.

성인식의 중심은 아이가 회당에서 처음으로 토라를 낭송하는 것입니다. 이는 아이가 이제 하나님의 말씀을 읽고 이해하며, 스스로 실천할 책임을 졌음을 상징합니다. 아이는 낭송할 본문을 몇 주 또는 몇 달 동안 준비하며, 이는 성인식을 위한 영적 준비의 일부입니다.

성인식에서 드리는 토라 낭송 축복은 다음과 같습니다.

"우리 하나님이시며 세상의 왕이신 여호와여, 모든 민족 중에서 우리를 선택하시고 우리에게 당신의 토라를 주신 분이십니다."

'모든 민족 중에서 우리를 선택하시고', 이 표현은 하나님께서 이스라엘 백성을 특별히 선택하셔서 하나님의 말씀(토라)을 맡기셨다는 신앙 고백입니다. 이는 유대인들이 하나님의 계명을 지키는 것이 단순한 책임이 아니라, 축복받은 소명임을 나타냅니다.

'우리에게 당신의 토라를 주신 분', 토라는 하나님의 뜻이 담긴 가르침으로, 이를 배우고 지키는 것이 유대인으로서의 사명을 성취하는 길임을 강조합니다. 성인식에서 이 축복을 드림으로써, 아이는 하나님의 말씀을 자신의 삶의 중심에 두겠다는 의지를 선언합니다.

'토라를 주시는 분께 찬송을 드립니다'라는 이 구절은 토라를 주신 하나님의 은혜를 인정하고 감사하며, 토라를 삶의 지침으로 삼겠다는 헌신을 나타냅니다.

성인식은 유대교 공동체 안에서 거행되는 축제적이고 신앙적인 의식입니다. 성인식의 주인공(아이)은 회당에서 토라 두루마리의 본문을 읽습니다. 이 과정은 단순히 읽는 것을 넘어, 하나님의 말씀을 공동체 앞에서 선포하고, 자신의 신앙적 책임을 선언하는 중요한 순간입니다.

토라 낭송 후, 아이는 읽은 본문에 대한 간단한 해석(드라샤 Drasha)을 발표합니다. 이는 아이가 토라를 단순히 읽는 것을 넘어, 하나님의 말씀을 깊이 이해하고 적용할 준비가 되었음을 보여줍니다. 회당 공동체는 아이를 축복하고,

그의 새로운 신앙적 여정을 환영합니다. 가족과 공동체는 아이를 위해 기도하며, 그의 삶이 하나님의 뜻에 따라 축복받기를 간구합니다.

성인식은 아이가 영적으로 성숙하여 스스로 하나님의 말씀에 순종하며, 신앙을 자신의 삶에서 실천할 준비가 되었음을 선언합니다. 이는 단순히 율법적 책임을 지는 것을 넘어, 하나님과의 관계에서 새로운 차원을 경험하는 시간입니다.

성인식은 아이가 개인적인 신앙만이 아니라, 공동체의 일원으로서의 책임을 지게 되는 순간입니다. 공동체는 아이를 환영하며, 신앙과 삶의 여정을 지지합니다.

성인식은 부모에게도 특별한 순간입니다. 부모는 아이가 신앙적으로 성장하고, 이제 스스로 하나님의 계명을 따를 수 있는 단계에 도달했음을 축하합니다.

성인식은 현대 유대교에서도 여전히 중요한 의식으로, 아이가 신앙 공동체의 성숙한 일원으로 받아들여지는 순간입니다. 전통적인 토라 낭송과 축복 외에도, 현대 유대인 가정에서는 성인식 후 축하 연회를 통해 가족과 친구가 함께 기쁨을 나눕니다.

성인식은 단순한 전통적 의식이 아니라, 하나님의 말씀을 삶에서 실천하고, 공동체의 책임을 받아들이는 신앙적 결단의 순간으로 계속해서 강조됩니다.

바르/바트 미쯔바는 유대교 신앙에서 가장 중요한 전환점 중 하나로, 아이가 신앙적 책임과 성숙을 받아들이는 의식입니다. 토라 낭송과 축복을 통해,

아이는 하나님의 말씀을 자신의 삶의 중심에 두겠다는 헌신을 선언하며, 공동체는 아이를 축복하고 그의 새로운 신앙 여정을 환영합니다. 이 의식은 단순히 성인이 되는 법적 선언이 아니라, 하나님의 말씀과 공동체 안에서 살아가는 삶을 시작하는 영적 여정의 중요한 출발점입니다.

결혼 (נשואין)

결혼은 유대교에서 하나님이 제정하신 신성한 연합으로, 두 사람이 새로운 가정을 이루는 삶의 중요한 전환점입니다. 결혼은 단순히 인간적 사랑의 표현이 아니라, 하나님의 창조적 의도와 언약을 이루는 거룩한 행위로 여겨집니다. 유대교 결혼 의식에는 여러 중요한 요소가 포함되며, 이는 결혼의 신학적, 영적, 공동체적 의미를 드러냅니다.

결혼의 기원은 유대교 전통에서 창세기 2:18절의 말씀에 기초합니다. "사람이 혼자 사는 것이 좋지 아니하니, 내가 그를 위하여 돕는 배필을 지으리라." 하나님은 남자와 여자를 창조하시고, 그들 사이에 특별한 연합을 허락하셨습니다. 결혼은 이러한 하나님의 창조 질서 안에서 이루어지는 신성한 제도입니다.

유대교에서는 결혼이 단순히 두 사람의 결합이 아니라, 하나님이 함께하시는 거룩한 연합으로 이해됩니다. 두 사람이 함께 하나님의 뜻을 실현하며, 서로의 삶을 통해 하나님을 영화롭게 하는 것이 결혼의 목적입니다.

결혼은 개인적 연합을 넘어, 공동체 안에서 축복받는 사건으로 간주됩니다. 새로운 가정은 공동체의 일원이 되며, 공동체는 이들의 삶과 신앙을 지지합니다.

결혼식에서 가장 중심적인 의식 중 하나는 신랑이 신부에게 반지를 주며 결혼을 선언하는 것입니다.

"너는 이 반지를 통해 모세와 이스라엘의 법에 따라 내게 성결하게 되었다."

'너는 성결하게 되었다'는 신랑이 신부에게 반지를 주며 이 선언을 함으로써, 신부는 신랑과의 특별하고 거룩한 관계 안에 들어가게 됩니다.

'성결하게 되었다'는 표현은 결혼이 단순한 세속적 계약이 아니라, 하나님 앞에서 이루어지는 신성한 언약임을 나타냅니다.

'모세와 이스라엘의 법에 따라'는 결혼이 유대교의 율법에 따라 이루어지는 신성한 연합임을 강조합니다. 이는 하나님이 율법을 통해 결혼을 제정하셨으며, 부부가 하나님의 뜻에 따라 삶을 살아가야 함을 나타냅니다.

결혼 반지는 유대교 결혼식의 중요한 상징으로, 부부의 영적 연합과 헌신을 나타냅니다. 반지의 둥근 모양은 끝이 없음을 상징하며, 부부 간의 사랑과 헌신이 영원하다는 메시지를 담고 있습니다.

유대교 결혼식에서 '일곱 축복'(שֶׁבַע בְּרָכוֹת, Sheva Brachot)은 결혼의 신성함과 축복을 선언하는 기도입니다. 이 축복은 결혼식 중에 낭송되며, 이후 결혼 잔치에서도 계속 낭송됩니다.

"하나님께서 에덴 동산에서 그들을 기쁘게 하셨듯이, 사랑하는 이들을 기쁘게 하소서"

'하나님께서 에덴 동산에서 그들을 기쁘게 하셨듯이'는 창세기 2장의 에덴 동산을 떠올리며, 하나님께서 아담과 하와를 축복하셨듯이, 새로 결합한 부부도 동일한 축복을 누리기를 간구합니다. 에덴 동산은 하나님과 인간의 관계가 완전했던 장소로, 부부가 하나님과의 관계 속에서 기쁨을 누리기를 기도하는 의미를 담고 있습니다.

'사랑하는 이들을 기쁘게 하소서'는 기도는 부부가 서로에게 기쁨의 원천이 되고, 그들의 사랑이 하나님의 축복으로 가득 차기를 간구합니다. 부부의 사랑은 단순히 감정적 유대가 아니라, 하나님 안에서 실현되는 영적 연합임을 나타냅니다.

유대교 결혼식에서의 일곱 축복 (שֶׁבַע בְּרָכוֹת)

일곱 축복은 유대교 결혼식의 핵심 의식 중 하나로, 결혼의 신성함과 부부의 축복을 기원하며 하나님께 영광을 돌리는 기도입니다. 이 축복은 결혼식 중에 낭송되며, 이후 결혼 잔치에서도 계속 낭송됩니다. 일곱 축복의 각 항목은 하나님에 대한 찬양과 부부, 공동체, 그리고 창조와 구속의 신학적 주제를 포함합니다.

첫 번째 축복은 포도주에 대한 축복입니다.
"우리 하나님이시며 세상의 왕이신 여호와여, 포도나무의 열매를 창조하신 분이십니다."
하나님에 대한 찬양으로 포도주를 축복하는 이 기도는 결혼식의 시작을 알리며, 하나님께서 모든 창조의 근원이심을 고백합니다. 기쁨의 상징인 포도주는 축제와 기쁨의 상징으로, 부부의 결혼이 기쁨과 축복으로 가득 차기를 기원합니다.

두 번째 축복은 창조의 기념입니다.
"우리 하나님이시며 세상의 왕이신 여호와여, 모든 것을 창조하신 분이십니다."
하나님이 세상의 창조주이심을 찬양하며, 모든 창조가 그분의 계획과 섭리에 따라 이루어졌음을 인정합니다. 결혼은 하나님의 창조적 의도 안에서 이루어지는 신성한 연합임을 상기시킵니다.

세 번째 축복은 인간 창조에 대한 감사입니다.
"우리 하나님이시며 세상의 왕이신 여호와여, 인간을 자신의 형상대로 창조하신 분이십니다."
하나님께서 인간을 자신의 형상대로 창조하셨다는 점을 인정하며, 인간의 존엄성과 소명을 강조합니다. 남자와 여자가 하나님의 형상을 반영하며, 결혼을 통해 부부가 연합함으로써 하나님을 영화롭게 한다는 메시지를 담고 있습니다.

네 번째 축복은 인간 창조의 완성입니다.
"우리 하나님이시며 세상의 왕이신 여호와여, 인간을 창조하시고 그를 완성하신 분이시다."
남자와 여자는 결혼을 통해 서로를 완성하는 존재로서 연합합니다. 하나님께서 남자와 여자를 연합시키심으로, 창조의 목적을 이루신다는 점을 강조합니다.

다섯 번째 축복은 시온의 회복과 기쁨입니다.
"시온에서 젊은이들을 기쁘게 하소서."
시온(이스라엘)이 회복되고, 하나님의 백성이 기쁨을 누리게 되기를 기도합니다. 부부의 사랑이 시온의 기쁨과 같이 하나님 안에서 충만하기를 기원합니다.

여섯 번째 축복은 부부의 기쁨입니다.
"하나님께서 에덴 동산에서 그들을 기쁘게 하셨듯이, 사랑하는 이들을 기쁘게 하소서."
이 축복은 에덴 동산에서 아담과 하와를 기쁘게 하셨던 하나님을 기억하며, 부부가 같은 기쁨을 누리기를 간구합니다. 부부가 서로에게 사랑의 기쁨의 원천이 되고, 하나님 안에서 그들의 삶이 충만하기를 기도합니다.

일곱 번째 축복은 사랑과 연합에 대한 축복입니다.
"우리 하나님이시며 세상의 왕이신 여호와여, 이 신랑과 신부에게 기쁨과 환희를 주시고, 사랑과 평화가 넘치게 하소서."
부부가 사랑과 평화를 중심으로 새로운 가정을 이루기를 기도합니다.
부부의 결혼이 공동체 전체의 축하와 기쁨과 축복의 원천이 되기를 기원합니다.

일곱 축복의 주요 주제를 요약하면
① 하나님에 대한 찬양으로 하나님께서 창조주이시며, 인간을 사랑과 연합을 위해 창조하셨음을 찬양합니다.
② 부부의 축복으로 부부가 서로에게 사랑과 헌신을 다하며, 하나님의 은혜로 가정을 이루기를 기도합니다.
③ 공동체의 축하입니다. 부부의 결혼이 공동체 전체의 기쁨이 되며, 모두

가 하나님의 축복을 나누기를 기도합니다.
④ 창조의 완성으로 결혼은 하나님의 창조를 완성하는 신성한 연합으로, 하나님께서 남자와 여자를 하나로 연합시키심을 기념합니다.
⑤ 시온의 회복과 희망으로 시온의 기쁨과 회복을 통해, 부부의 사랑이 하나님의 구원과 연결되기를 기원합니다.
⑥ 에덴의 기쁨으로 부부가 에덴 동산에서의 사랑과 기쁨을 반영하며, 서로에게 기쁨의 원천이 되기를 간구합니다.
⑦ 사랑과 평화입니다. 부부가 사랑과 평화를 중심으로 하나님과 공동체 안에서 살아가기를 기도합니다.

'일곱 축복'(שֶׁבַע בְּרָכוֹת)은 하나님에 대한 찬양과 부부의 연합, 그리고 공동체와의 연결을 중심으로 결혼의 신학적, 영적 의미를 드러냅니다. 이 축복은 단순히 결혼을 축하하는 것이 아니라, 부부의 사랑과 헌신, 하나님과의 관계를 새롭게 다짐하는 신앙적 행위입니다. 이 축복을 통해 부부는 하나님 안에서 사랑과 평화, 기쁨이 가득한 삶을 시작하도록 격려받으며, 공동체는 이 여정을 축복하며 함께 기뻐합니다.

결혼식 전, 신랑과 신부는 '커투바'(כְּתוּבָּה)라는 결혼 계약서에 서명합니다. 이 문서는 신랑이 신부에게 줄 의무와 책임을 명시하며, 결혼이 법적이고 신성한 언약임을 나타냅니다.

결혼식은 '후파'(הוּפָּה)라고 불리는 결혼 천막 아래에서 이루어지며, 이는 부부가 함께 세울 새로운 가정을 상징합니다. 후파는 열린 공간으로 설치되어, 부부가 하나님과 공동체 앞에서 새로운 가정을 시작함을 나타냅니다.

신랑이 신부에게 반지를 주며 결혼을 선언한 후, 일곱 축복이 낭송됩니다. 이 축복은 결혼의 신성함을 찬양하며, 부부의 사랑과 헌신을 축복합니다.

결혼식 마지막에 신랑은 유리잔을 깨뜨리며, 예루살렘 성전의 파괴를 기억하고, 부부가 기쁨 속에서도 공동체와 역사를 기억하도록 상기시킵니다.

유대교 전통에서는 결혼이 개인적인 사건이 아니라, 공동체가 함께 축하하고 지원하는 중요한 사건으로 간주됩니다. 이는 오늘날에도 부부가 신앙 공동체의 축복과 지지를 받는 중요한 순간입니다.

현대에서도 유대교 결혼식은 하나님 앞에서 맺는 신성한 연합으로 여겨지며, 전통적인 의식과 기도를 통해 부부의 삶이 하나님 안에서 시작됨을 강조합니다. 현대 부부는 결혼을 통해 서로를 사랑하고 지원하는 것은 물론, 하나님의 뜻을 실현하는 공동체의 일원이 된다는 점을 깨닫습니다.

'결혼'(נשואין)은 유대교에서 하나님이 제정하신 신성한 연합으로, 두 사람이 새로운 가정을 이루고 하나님의 뜻을 실현하는 중요한 여정의 시작입니다. 결혼 반지 선언과 일곱 축복을 통해, 부부는 하나님 앞에서 서로에게 헌신하며, 하나님의 은혜로 새로운 가정을 시작하게 됩니다. 결혼은 개인적인 사랑을 넘어, 하나님과 공동체 안에서 이루어지는 영적 연합이며, 부부가 함께 하나님의 계획을 실현하는 여정을 시작하도록 돕는 중요한 의식입니다.

자녀 출산 (פְּרִיָּה וּרְבִיָּה)

자녀 출산은 유대교에서 하나님의 명령에 대한 순종이자, 하나님의 창조와 언약을 계승하는 행위로 여겨집니다. 이는 단순히 생물학적 행위가 아니라, 하나님이 인간에게 부여하신 사명과 축복의 연장입니다. 자녀 출산의 신학적 의미와 부모의 책임은 유대교의 신앙과 전통에 깊이 뿌리내려 있습니다.

창세기 1:28절의 "생육하고 번성하여 땅에 충만하라"는 명령은 하나님이 인간을 창조하신 직후 주신 최초의 계명 중 하나로, 인간이 하나님의 창조에 동참할 것을 명시합니다.

'생육하고 번성하라'는 단순히 인구를 늘리라는 의미를 넘어, 하나님의 창조 계획을 계승하고 세상에 하나님의 형상을 충만하게 하라는 영적 사명을 포함합니다.

'땅에 충만하라'는 하나님의 축복이 온 세상에 퍼져나가도록 인간이 창조의 동역자로서 역할을 해야 함을 의미합니다. 이 명령은 인간이 단순히 번성하는 것이 아니라, 하나님의 뜻에 따라 삶을 풍요롭게 하고 세상을 경작하고 돌보는 책임을 담고 있습니다.

유대교에서 부모는 단순히 자녀를 낳는 것에 그치지 않고, 하나님의 계명 안에서 자녀를 양육하고 성장시키는 책임을 가집니다.

자녀는 하나님이 맡기신 선물이자 책임으로, 그들의 영적, 도덕적 성숙은 부모의 신앙과 헌신에 달려 있습니다. 유대교는 자녀를 토라의 가르침, 결혼의 준비, 선행을 실천하는 삶으로 양육하는 것을 부모의 주요 사명으로 봅니다.

부모는 자녀에게 하나님의 말씀을 가르치며, 그들이 하나님의 계명과 연결된 삶을 살도록 도와야 합니다. 신명기 6:7절의 "네 자녀에게 부지런히 가르치라"는 말씀은 부모가 자녀의 영적 지도자로서 역할을 해야 함을 강조합니다.

부모는 다음과 같이 자녀를 축복하고 기도합니다.
"우리 하나님이시며 세상의 왕이신 여호와여, 제 아들/딸이 토라와 결혼식, 그리고 선행으로 자라나게 하소서"

'토라'는 자녀가 하나님의 말씀을 배우고, 그 가르침을 삶의 중심으로 삼게 되기를 기원합니다. '결혼식'은 자녀가 성장하여 경건한 배우자를 만나 하나님의 언약 안에서 가정을 이루기를 기도합니다. '선행'은 자녀가 도덕적이고 윤리적인 삶을 살며, 하나님의 사랑을 세상에 실천하기를 간구합니다.

부모는 이 기도를 통해 자녀를 하나님의 뜻에 맡기며, 그들의 삶이 하나님의 영광을 드러내는 통로가 되기를 바라는 마음을 표현합니다. 이 기도는 부모의 헌신을 나타내며, 자녀가 단순히 개인적인 성공이 아니라, 하나님의 계획 안에서 살아가기를 바라는 간구입니다.

자녀의 출산은 하나님의 축복으로 여겨지며, 부모는 이 축복을 통해 하나님의 창조 사역에 동참합니다. 시편 127:3절에 "자녀는 여호와의 주신 기업이요 태의 열매는 그의 상급이로다"는 말씀은 자녀가 하나님께서 주신 특별한 선물임을 상기시킵니다.

부모는 자녀를 통해 하나님의 창조에 동참하며, 그들을 하나님의 형상으로 양육하는데 헌신합니다. 이 과정에서 부모는 하나님의 말씀과 가르침을 실천하며, 다음 세대에 신앙을 전수합니다. 자녀를 출산하는 것은 부모 개인의 책임만이 아니라, 공동체 전체의 축복과 기쁨으로 여겨집니다. 공동체는 부모를 지지하고, 자녀의 신앙적 성장을 돕는 역할을 합니다.

현대에서도 부모는 자녀가 하나님의 말씀에 따라 신앙 중심으로 성장하도록 도와야 합니다. 이는 가정 예배, 성경 공부, 그리고 도덕적 교육을 통해 실천할 수 있습니다.

또한 자녀의 삶을 위해 기도하는 것은 여전히 중요합니다. 부모는 자녀가 하나님의 계획 안에서 살아가도록 지속적으로 기도하고, 그들의 삶을 하나님께 맡기는 태도를 가져야 합니다. 현대 교회나 회당에서도 부모와 자녀가 신앙 공동체의 지지를 받으며 성장하도록 돕는 프로그램과 기도가 필요합니다.

자녀 출산은 유대교에서 하나님의 창조 명령에 순종하며, 하나님의 축복과 은혜를 경험하는 중요한 여정입니다. 부모의 축복 기도는 자녀가 하나님의 말씀과 계명 안에서 성장하도록 돕는 부모의 헌신을 나타냅니다. 자녀 출산은 단순한 생물학적 과정이 아니라, 하나님의 창조적 의도와 연결된 신성한 사명입니다. 이를 통해 부모는 하나님의 계획에 동참하고, 다음 세대에 신앙과 가치를 전수하는 중요한 역할을 합니다.

죽음과 장례 (מוות וקבורה)

유대교에서 죽음과 장례는 단순히 생명의 끝이 아니라, 영혼의 영원한 삶으로의 전환으로 여겨집니다. 유대교는 죽음을 하나님의 계획안에서 이루어지는 자연스러운 과정으로 이해하며, 장례 의식을 통해 죽은 자를 존중하고, 살아 있는 자가 영적인 위로를 받도록 돕습니다. 이러한 의식은 죽은 자의 영혼이 하나님의 품 안에서 안식하기를 기원하며, 공동체가 함께 슬픔을 나누는 중요한 기회가 됩니다.

'카디쉬'(קָדִישׁ)는 유대교 장례의식의 중심적인 기도입니다. 이 기도는 죽은 자를 위한 기도가 아니라, 하나님께 찬양과 영광을 돌리는 기도이며, 하나님의 이름이 세상에서 거룩하게 되기를 간구합니다.
"그분의 위대한 이름이 영화롭게 되고 거룩하게 되소서, 그분이 뜻하신 세상에서…"

'카디쉬'는 하나님의 이름이 영화롭게 되고 거룩하게 되기를 간구하는 기도로, 하나님의 절대적인 주권을 인정합니다. 그리고 죽은 자의 영혼이 하나님의 영광 속에 안식하며, 하나님의 뜻이 온 세상에서 이루어지기를 기원합니다.

유족과 공동체는 카디쉬를 통해 죽음 가운데서도 하나님의 위로와 평화를 찾으며, 영원한 삶에 대한 소망을 가집니다.

'카디쉬'는 장례식뿐 아니라 이후에도 공동체에서 함께 낭송되며, 죽은 자를 기억하고 하나님의 임재를 기원합니다. 가까운 가족은 죽은 자를 기억하며, 1년 동안 예배와 모임에서 카디쉬를 낭송합니다. 이는 사랑과 헌신의 표시이며, 죽은 자의 영혼을 위한 계속적인 기도입니다.

"그의 영혼이 생명 속에 묶여 있기를"은 유대교 묘비에 가장 흔히 새겨지는 문구로, 죽은 자의 영혼이 하나님의 품 안에서 영원한 안식을 누리기를 기원하는 말입니다. 이는 사무엘상 25:29절의 표현에서 유래했으며, 하나님의 보호와 영원한 생명을 상징합니다.

유대교는 육체는 흙으로 돌아가지만, 영혼은 하나님께로 돌아가 영원히 존재한다고 믿습니다. 이 문구는 죽은 자의 영혼이 생명의 하나님 안에서 안식한다는 신앙을 반영합니다. "생명 속에 묶여 있다"는 것은 하나님의 생명과 연결되어 있음을 의미하며, 이는 영혼이 평안과 보호를 누리고 있음을 상징합니다.

죽은 자는 가능한 한 빨리 장례 절차를 진행해야 하며, 이는 죽은 자를 존중하는 유대교의 중요한 원칙 중 하나입니다. 죽은 자는 단순한 천으로 감싸져 묻히며, 이는 부활의 소망과 하나님 앞에서 모든 인간이 평등함을 나타냅니다. 장례식에서 카디쉬가 낭송되며, 이는 공동체가 하나님께 영광을 돌리고, 죽은 자를 위한 기도를 함께 드리는 시간입니다. 공동체는 장지로 죽은 자를 운구하며, 이는 공동체적 애도의 중요한 표시입니다.

장례 후, 묘비가 설치되며, 묘비에는 죽은 자의 이름과 묘비 문구가 새겨집니다. "그의 영혼이 생명 속에 묶여 있기를"은 이 문구 중 가장 흔히 사용됩니다.

유대교는 죽음을 삶의 끝으로 보지 않고, 영혼이 하나님께 돌아가 영원히 안식하는 전환점으로 봅니다.
"흙은 여전히 땅으로 돌아가고, 영은 그것을 주신 하나님께로 돌아가리라"(전 12:7)

유대교는 죽은 자가 마지막 날에 부활하여 하나님의 심판과 생명을 받을 것이라는 믿음을 강조합니다. 장례 의식은 이러한 믿음을 반영하며, 죽은 자의 영혼이 하나님 안에서 안식하기를 기원합니다.

유대교는 애도의 과정을 중요하게 여깁니다. 애도의 주요 기간인 시바(7일간의 애도) 동안 가족과 공동체는 슬픔을 나누며, 하나님의 위로를 구합니다.

오늘날에도 카디쉬는 장례식과 이후 예배에서 낭송되며, 죽은 자를 기리며 하나님의 이름을 영화롭게 합니다. 이는 유대인뿐만 아니라, 그 전통을 따르는 사람들에게도 위로와 소망을 제공합니다. 묘비 문구는 단순한 문구가 아니라, 죽은 자의 삶과 신앙을 기리며, 그의 영혼이 하나님의 품 안에서 평안을 누리기를 기원합니다.

죽음과 장례는 유대교 신앙에서 단순한 삶의 끝이 아니라, 영원한 삶으로의 전환을 의미합니다. 카디쉬 기도는 하나님의 이름을 영화롭게 하고, 죽은 자의 영혼이 하나님의 평안 속에서 안식하기를 기원합니다. 묘비 문구는 죽은 자가 하나님의 생명 안에서 보호받고 있음을 선언하며, 가족과 공동체에게 위로와 소망을 제공합니다.

유대교 장례 의식은 죽은 자에 대한 존중과 하나님에 대한 찬양, 그리고 살아 있는 자들에게 하나님의 위로를 전하는 중요한 과정입니다. 이를 통해 죽음 가운데서도 하나님의 영광과 생명의 약속이 드러납니다.

유대교 인생 여정의 모든 단계는 히브리어 성경과 탈무드적 전통에 깊이 뿌리를 두고 있으며, 하나님의 뜻과 인간의 영적 성장에 따라 구조화되어 있습니다. 이러한 단계는 단순한 생물학적 변화가 아니라, 하나님과 공동체 앞에서 이루어지는 거룩한 삶의 연속입니다.

제 11 장
탈무드가 가르치는 인간의 존엄성

제11장

탈무드가 가르치는 인간의 존엄성

> 탈무드는 인간에 대해 심오하고 다각적인 가르침을 제공합니다. 이 가르침은 인간의 본질, 책임, 도덕적 선택, 사회적 관계, 그리고 영적 여정을 다룹니다. 아래는 탈무드가 인간에 대해 가르치는 주요 주제들을 설명한 것입니다.

인간의 존엄성과 신성함에 대한 성경과 탈무드의 가르침

유대교에서 인간의 존엄성과 신성함은 "하나님의 형상으로 창조되었다"는 성경의 가르침에 기초합니다. 이러한 신학적 관점은 인간의 생명에 대한 무한한 가치를 강조하며, 차별 없는 대우와 생명에 대한 절대적인 존중을 요구합니다. 이 개념은 유대교의 윤리적 기반을 형성하며, 현대적 적용에서도 여전히 중요한 가르침으로 작용합니다.

"하나님이 자기 형상 곧 하나님의 형상대로 사람을 창조하시되 남자와 여자를 창조하시고"(창1:27).

'하나님의 형상'(, 엘로힘 쩰렘) 즉, 하나님이 인간을 자신의 형

상대로 창조하셨다는 것은 인간이 단순히 물리적 존재가 아니라, 영적, 도덕적, 창조적 능력을 가진 존재임을 나타냅니다. 인간은 하나님과 특별한 관계를 맺고 있으며, 다른 피조물과 구별되는 고유한 존엄성을 지니고 있습니다.

모든 인간은 하나님의 형상을 반영하기 때문에, 인종, 성별, 신분을 막론하고 동등한 고유의 가치를 지닙니다. 인간의 존엄성은 하나님이 주신 고유한 선물이므로, 인간 스스로 이를 훼손하거나 낮출 수 없습니다.

하나님의 형상대로 창조된 인간은 도덕적 책임과 의무를 가지고 하나님의 뜻을 실현해야 합니다. 인간은 자신뿐만 아니라 타인의 존엄성을 지키고 보호해야 하는 의무를 부여받았습니다.

탈무드에서는 인간 생명의 존중과 무한한 가치를 가르칩니다.
"한 생명을 구하는 것은 온 세상을 구하는 것과 같다"(Sanh. 4:5).
이 가르침은 인간 생명의 고유한 가치를 강조하며, 한 개인의 생명을 보호하는 것이 얼마나 중요한지를 보여줍니다. 한 생명이 온 세상과 동등하게 여겨지는 이유는, 각 인간이 하나님의 형상을 반영하기 때문입니다.

유대교 법은 생명을 보호하기 위해 다른 율법을 어길 수 있도록 허용합니다(안식일 규정등). 이는 인간 생명의 중요성을 보여주는 강력한 사례입니다.

유대교에서는 인간 생명을 단순한 물리적 존재로 보지 않고, 하나님이 주신 신성한 선물로 여깁니다. 살인이나 고의적인 생명 경시는 단순한 범죄를 넘어, 하나님의 창조 질서를 파괴하는 행위로 간주됩니다.
"하나님의 형상대로 창조되었다"는 가르침은 모든 인간이 동등한 존엄성을 지닌 존재임을 선언합니다.

남성과 여성이 동등하게 하나님의 형상을 반영하며, 상호 보완적인 관계로 창조되었습니다(창 1:27).

탈무드는 인간이 하나의 공통된 조상(아담)으로부터 창조되었음을 강조하며, 이는 인류가 모두 연결되어 있음을 상징합니다(Sanh. 4:5).

유대교 윤리는 인간의 가치를 외적인 조건(인종, 성별, 신분 등)에 따라 평가하거나 차별하는 것을 강하게 반대합니다. 모든 사람은 동일한 하나님의 형상을 반영하므로, 서로를 공경하며 동등하게 대우해야 한다는 윤리가 강조됩니다.

인간의 존엄성을 강조하는 유대교의 가르침은 현대 사회의 인권과 평등, 사회적 정의를 위한 강력한 기초를 제공합니다. 모든 형태의 인종차별, 성차별, 계층 차별은 하나님의 형상을 훼손하는 행위로 간주됩니다.

유대교 전통은 인간 생명을 보호하기 위한 모든 수단을 지지하며, 이는 현대 의료 윤리와 응급 상황에서의 판단에 영향을 줍니다. 예를 들면 의료 행위에서 생명을 구하기 위한 모든 시도는 율법적으로 정당화됩니다. 일상생활에서 유대교의 가르침은 타인을 존중하고, 그의 존엄성을 인정하며, 언어적·행동적으로 상처를 주지 않도록 요구합니다. 이는 단순히 법적 의무를 넘어, 도덕적 책임으로 확장됩니다.

유대교는 "모든 인간이 하나님의 형상대로 창조되었다"는 가르침을 통해 인간의 존엄성과 신성함을 강조합니다. 인간의 고유한 가치와 생명의 신성함은 유대교 윤리와 법의 근본을 형성하며, 한 생명을 구하는 것이 온 세상을 구하는 것과 같다는 탈무드의 가르침은 생명 보호와 존중의 중요성을 상기시킵니다.

이러한 가르침은 현대 사회에서도 평등과 정의, 생명 보호, 차별 철폐라는 윤리적 실천으로 연결되며, 인간의 존엄성과 가치가 모든 관계와 제도 안에서 구현되어야 함을 요구합니다. 결국, 유대교는 모든 사람이 하나님의 창조와 형상을 반영하는 특별한 존재임을 인식하며, 이를 삶 속에서 실천하는 것을 핵심 신앙으로 삼습니다.

자유의지와 도덕적 선택

유대교 전통과 탈무드는 자유의지를 인간 존재의 본질적인 요소로 간주합니다. 인간은 하나님의 명령을 따를지, 자신의 욕망에 굴복할지 선택할 자유를 가지고 있으며, 이러한 선택은 도덕적 책임을 수반합니다. 이 가르침은 선과 악의 본성 간의 투쟁을 통해 성숙한 인간이 되는 과정을 강조합니다.

탈무드는 인간이 자유의지를 통해 자신의 운명을 결정할 수 있는 존재로 창조되었음을 강조하며, 버라호트 33b는 "모든 것이 하늘의 손에 달려 있지만, 하나님을 경외하는 것은 인간의 손에 달려 있다"고 합니다. 이는 인간이 자연적 환경과 상황을 통제할 수 없지만, 도덕적 선택과 행동은 자신의 책임이라는 것을 가르칩니다. 선과 악의 선택은 인간이 하나님 앞에서 도덕적 책임을 다할 수 있는 기회를 제공합니다.

신명기 30:19절에 "내가 오늘 너희 앞에 생명과 사망, 복과 저주를 두었나니, 너희는 생명을 택하라"고 하였는데 이 말씀은 자유 의지에 따라 선과 악, 복과 저주를 선택할 수 있는 능력을 강조합니다. 선택은 단순한 행동의 결과가 아니라, 인간의 내적 성품과 하나님과의 관계를 드러내는 중요한 과정입니다.

탈무드는 인간 내면에 '악한 본성'(היצר הטוב, 하이체르 하토브)과 '선한 본성'(היצר הרע, 하예이체르 하라)이라는 두 가지 본성이 있다고 가르칩니다.

'악한 본성'은 욕망, 충동, 자기중심적 성향을 나타냅니다. 이는 선천적으로 인간 내면에 존재하며, 무절제하거나 자기중심적인 삶으로 이끌 위험이 있습니다. 하지만, 탈무드는 악한본성이 항상 나쁜 것은 아니며, 잘 통제된다면 생산적이고 창조적인 동력이 될 수 있다고 봅니다.

'선한 본성'은 도덕적 판단, 이타심, 하나님의 계명을 따르고자 하는 마음을 나타냅니다. 이는 인간이 하나님께서 제시한 도덕적 이상을 실현하도록 돕는 본성입니다.

'악한 본성'과 '선한 본성'의 내적 갈등은 인간이 매일 경험하는 도덕적 투쟁을 상징합니다. 탈무드는 이러한 갈등이 단순히 선과 악의 대립으로 끝나는 것이 아니라, 인간이 두 본성을 조화롭게 통제하여 도덕적으로 성숙한 존재가 되는 과정이라고 봅니다.

'악한 본성'은 생존 본능과 번영을 위해 필요하며, '선한 본성'은 이를 도덕적으로 이끌어 균형을 유지합니다.

유대교는 인간이 자신의 선택에 대해 책임을 져야 한다고 가르칩니다. 미드라쉬는 "하나님은 선을 행하라고 명령하셨지만, 선택은 인간에게 달려 있다"라고 하는데 이는 하나님이 인간에게 도덕적 지침을 제공하지만, 인간이 이를 실천할지 여부는 스스로 선택해야 한다는 것을 나타냅니다. 이러한 선택은 도덕적 책임의 근거가 됩니다. 선한 선택은 하나님의 축복을 가져오지만, 악한 선택은 고통과 어려움을 초래합니다. 이는 인간이 자유의지를 올바르게 사용하는 것이 얼마나 중요한지를 보여줍니다.

유대교 율법은 인간이 올바른 도덕적 선택을 할 수 있도록 돕는 지침을 제공합니다. 또한 탈무드는 율법이 인간의 내적 본성을 조화롭게 다스리고, 도덕적 성숙을 촉진한다고 가르칩니다.

유대교의 가르침은 현대 사회에서 윤리적 선택을 강조합니다. 인간은 자신의 행동이 공동체와 자신에게 미칠 영향을 고려하며, 책임 있는 선택을 해야 합니다. 이는 환경, 정의, 인권과 같은 글로벌 문제에도 적용됩니다.

'악한 본성'과 '선한 본성' 간의 투쟁은 현대 심리학에서도 자아 통제와 감정 조절이라는 관점으로 해석될 수 있습니다. 유대교의 가르침은 내적 갈등을 통해 개인적 성장과 도덕적 성숙을 이루는 길을 제시합니다. 자유의지를 올바르게 사용하는 리더는 공동체를 도덕적으로 이끌며, 신뢰와 존경을 받습니다. 이는 가정, 직장, 사회에서 모두 적용됩니다.

탈무드는 인간이 자유의지를 통해 선과 악 사이에서 도덕적 선택을 할 수 있다고 가르치며, 이러한 선택이 인간의 책임임을 강조합니다. '악한 본성'과 '선한 본성'의 내적 갈등은 인간이 성숙한 존재로 성장하는 데 필수적인 과정으로 여겨집니다.

유대교는 도덕적 선택이 단순히 개인의 행동을 넘어, 하나님의 뜻을 실현하고 공동체를 이롭게 하는 중요한 역할을 한다고 봅니다. 이러한 가르침은 현대 사회에서도 윤리적 행동, 개인적 성장, 그리고 책임 있는 삶의 본질을 이해하는 데 중요한 통찰을 제공합니다.

책임과 의무

유대교 전통에서 책임과 의무는 개인이 단순히 자신의 이익을 추구하는 데 그치지 않고, 사회적, 윤리적, 영적 책임을 다해야 한다는 점을 강조합니다. 이러한 가르침은 하나님과 인간, 그리고 인간 상호 간의 관계에서 중요한 원칙으로 작용하며, 삶의 전 영역에서 실천하도록 요구합니다.

유대교에서의 책임의 본질은 하나님과의 관계에서의 책임입니다. "하나님 앞에서 책임을 다하라"는 탈무드의 가르침은 인간이 하나님의 뜻에 따라 살아야 할 책임이 있음을 강조합니다. 이는 하나님의 계명을 준수하고, 도덕적이고 정결한 삶을 사는 것을 포함합니다. 인간은 하나님께 받은 은혜와 축복에 대해 응답하며, 그분의 영광을 위해 자신의 행동을 책임져야 합니다.

유대교는 인간이 사회적 존재로서, 이웃과 공동체를 위해 인간 상호 간의 책임을 다해야 한다고 가르칩니다. 이러한 책임은 '정의'(צדק, 쩨데크)와 '자비'(חסד, 헤세드)를 실천하는 것으로 나타납니다. 공동체 안에서 서로를 돌보고, 사회적 약자를 보호하는 것은 인간이 반드시 수행해야 할 의무로 간주됩니다.

"네 이웃을 네 자신과 같이 사랑하라"(레 19:18)는 말의 의미는 무엇인가요? '네 자신과 같이'라는 표현은 인간이 자신을 소중히 여기듯이, 이웃을 동등하게 소중히 여겨야 함을 가르칩니다. 이 가르침은 사랑의 대상이 단순히 가까운 가족이나 친구가 아니라, 공동체 전체, 심지어 낯선 사람에게까지 확장됨을 의미합니다.

레위기 19장에서 "이웃을 사랑하라"는 계명은 공정한 재판, 정직한 거래, 그리고 가난한 자와 약자를 돌보라는 요구와 연결됩니다. 예를 들면 농작물을 수확할 때 가난한 자를 위해 일부를 남겨두라는 규정(레 19:9-10)입니다. 또한 유대교 전통은 고아, 과부, 이방인 등 약자를 돌보는 것이 신앙적 책임임을 강조합니다(신 10:18).

탈무드는 "하나님과 사람 앞에서 책임을 다하라"는 원칙을 강조합니다. 이는 인간이 하나님과의 관계에서뿐만 아니라, 이웃과의 관계에서도 올바른 태도를 유지해야 함을 의미합니다. 탈무드 버라호트 31a는 도덕적 책임이 단지 종교적 의무를 넘어, 다른 사람들에게 공정하고 배려하는 삶을 사는 것을 포함한다고 가르칩니다.

또한 재산과 시간에 대한 책임을 가르칩니다. "네 재산은 네 것이 아니며, 하나님께 위임받은 것이다"라는 가르침은 개인이 자신의 재산과 시간을 공동체와 나누며 살아야 한다는 책임을 강조합니다. 예를 들어 자선을 베풀고, 어려운 사람을 돕는 것은 유대교 윤리에서 필수적입니다(Git. 61a).

유대교는 인간이 단순히 도덕적 존재가 아니라, 영적 책임과 의무를 지닌 존재로 창조되었음을 강조합니다. 인간은 하나님과의 관계를 유지하고, 그분의 뜻에 따라 살아가야 할 의무가 있습니다. 기도, 토라 공부, 계명 준수는 이러한 책임을 실천하는 방법입니다.

탈무드는 도덕적 행동과 영적 성장이 밀접하게 연결되어 있다고 가르칩니다. 선행을 실천하며 살아가는 것은 하나님께 대한 신앙의 표현이며, 이는 인간을 영적으로 성숙하게 만듭니다.

유대교의 책임 윤리는 현대 사회에서 정의와 사회적 책임을 강조하는 중요한 기초를 제공합니다. 불공정한 사회 구조를 바꾸고, 가난한 사람과 소외된 사람을 돕는 일은 유대교의 가르침과 일치합니다.

유대교는 환경을 보호하고 지구를 보존하는 것도 인간의 책임으로 간주합니다. 이는 창세기에서 인간이 땅을 경작하고 지키도록 부름받았다는 가르침에 기반합니다(창 2:15).

개인의 일상 속에서도 정직, 친절, 배려는 책임 있는 삶의 중요한 요소입니다. 예를 들어 약속을 지키고, 타인의 필요를 존중하며, 자신의 행동이 공동체와 환경에 미치는 영향을 고려하는 삶을 말합니다.

유대교는 인간을 사회적, 윤리적, 영적 책임을 지닌 존재로 간주합니다. 레위기 19:18절의 "네 이웃을 네 자신과 같이 사랑하라"는 가르침은 모든 인간이 서로의 존엄성과 권리를 존중하고, 정의와 자비를 실천해야 한다는 윤리적 기반을 제공합니다.

탈무드의 가르침은 하나님과 사람 앞에서 책임을 다하며, 선한 행위를 통해 하나님과 공동체에 봉사할 것을 요구합니다.

유대교의 책임 윤리는 현대 사회에서도 공정하고 배려하는 삶, 약자와 환경을 돌보는 실천을 통해 인간이 하나님의 뜻에 따라 살아가도록 돕는 강력한 지침이 됩니다.

유대교에서 교육과 학문은 인간의 본질적인 요소로 간주되며, 끊임없는 배움과 성장은 신앙과 삶의 핵심적인 부분으로 강조됩니다. 탈무드는 교육이 단순히 지식을 축적하는 것을 넘어, 도덕적, 영적 성숙으로 이어지는 과정이라고 가르칩니다. 이 가르침은 오늘날에도 학문과 개인의 발전, 멘토십의 중요성을 인식하는 데 깊은 통찰을 제공합니다.

탈무드는 인간을 "끊임없이 배우고 성장해야 하는 존재"로 정의합니다. 탈무드 버라호트 63b는 "토라를 배우는 것은 삶을 영속하게 하고, 도덕적이고 영적인 완성으로 이끈다"고 하였습니다. 학문은 인간의 내면을 풍요롭게 하고, 하나님의 뜻을 깨닫게 하는 도구로 간주됩니다.

토라는 유대교 교육의 중심이며, 이는 단순한 종교적 문헌이 아니라, 삶의 방향과 도덕적 기준을 제공하는 하나님의 가르침입니다. 신명기 6:7절에 "네 자녀에게 부지런히 가르치라"는 명령은 모든 세대에 걸쳐 토라를 배우고 가르치는 책임을 부여합니다.

탈무드는 토라 학습이 인간을 하나님의 계명과 연결시키고, 지혜와 도덕적 성숙을 이루게 한다고 가르칩니다.

유대교에서 교육은 단순히 지식을 전달하는 것이 아니라, 삶의 의미를 깨닫고 하나님의 뜻을 실현하는 것을 목표로 합니다. 지식과 덕은 학문연구를 통하여 도덕적 실천과 연결되어야 합니다. 지혜는 단순히 학문적 지식을 넘어, 하나님의 계명과 연결된 도덕적 삶으로 표현되어야 합니다.

탈무드는 토라 학습을 통해 인간이 하나님과 더 가까워지고, 내적 성숙을 이룰 수 있다고 가르칩니다. 탈무드 퍼사힘 50b는 "토라를 배우는 것은 사람을 고결하게 하고, 그 영혼을 정결하게 한다"고 합니다. 이는 단순히 외적인 행동의 변화뿐만 아니라, 내면적 변화와 영적 성장으로 이어집니다.

유대교에서 학문은 도덕적 책임과 연결되어야 하며, 지식은 공동체와 세상을 개선하는 데 사용되어야 합니다. 탈무드 타아니트 7a는 "지혜는 물과 같아서, 사용되지 않으면 고갈된다"고 하는데 이는 학문이 개인적 만족에 그쳐서는 안 되며, 사회적 선과 공동체의 유익을 위해 사용되어야 함을 강조합니다.

미쉬나 아보트 1:6절은 "스스로를 위한 스승을 두라"고 합니다. 이 가르침은 모든 인간이 멘토를 통해 배우고 성장해야 함을 강조합니다. 멘토는 단순히 지식을 전달하는 사람이 아니라, 삶의 방향을 제시하고, 도덕적 기준과 영적 성숙을 돕는 지도자입니다.

이처럼 멘토의 역할은 학문적 지식뿐만 아니라, 도덕적 모범과 영적 인도를 제공합니다. 멘토와의 관계는 단순한 교육적 관계를 넘어, 신뢰와 존경에 기초한 영적 동반자 관계로 여겨집니다.

모든 사람은 스스로 학문과 도덕적 성숙을 이루는데 한계가 있습니다. 멘토는 이를 보완하고, 개인이 올바른 길을 걸을 수 있도록 안내합니다. 멘토십은 공동체 내에서 지혜와 전통을 전수하는 핵심적인 역할을 합니다.

유대교의 가르침은 현대 사회에서 평생 학습의 중요성을 잘 보여줍니다. 인간은 나이에 상관없이 끊임없이 배우고 성장해야 하며, 이를 통해 자신과 세상을 변화시킬 수 있습니다. 현대의 학문과 교육은 종교적 맥락을 넘어, 인간의 도덕적 성숙과 사회적 기여를 목표로 삼아야 합니다.

교육은 단순한 지식 전달이 아니라, 도덕적 리더십과 책임 있는 행동을 장려해야 합니다. 유대교의 가르침은 학문적 성공이 도덕적 성숙과 공동체적 기여로 이어져야 함을 강조합니다.

오늘날에도 멘토십은 개인의 성장과 자아개발에 중요한 역할을 합니다. 개인은 신뢰할 수 있는 멘토와 함께 학문과 도덕적 지혜를 쌓으며, 삶의 방향성을 찾을 수 있습니다.

유대교와 탈무드는 인간이 끊임없이 배우고 성장해야 하는 존재라고 가르칩니다. 학문은 단순히 지식을 축적하는 과정이 아니라, 도덕적, 영적 성숙으로 나아가는 길입니다.

토라 학습은 하나님의 뜻과 연결되어, 인간을 도덕적이고 영적으로 완성시킵니다. 멘토십은 모든 사람이 스스로 성장할 수 있도록 도와주는 중요한 역할을 하며, 이는 공동체와 개인 모두에게 필수적입니다. 이 가르침은 현대 사회에서도 학문적 노력과 도덕적 책임, 멘토와의 관계가 얼마나 중요한지를 깨닫게 하며, 인간이 지속적으로 배우고 성장하도록 격려합니다.

사회적 관계와 인간관계

유대교와 탈무드는 인간을 사회적 존재로 간주하며, 인간관계를 통해 온전한 삶을 영위할 수 있다고 가르칩니다. 건강한 관계는 개인의 도덕적, 영적 성장에 필수적이며, 잘못된 관계는 삶과 신앙을 해칠 수 있는 요소로 강조됩니다. 이러한 가르침은 현대적 관점에서도 인간관계의 중요성과 경계해야 할 점을 이해하는데 도움을 줍니다.

인간은 사회적 존재로 창조되었습니다. 창세기 2:18절은 "사람이 혼자 사는 것이 좋지 아니하니, 내가 그를 위하여 돕는 배필을 지으리라"고 하였습니다. 하나님은 인간을 독립적으로 살도록 창조하지 않으셨으며, 다른 사람들과의 관계 속에서 성장하고 발전하도록 설계하셨습니다. 인간은 관계를 통해 정서적 안정과 삶의 의미를 찾으며, 도덕적, 영적 성숙을 이룰 수 있습니다. 유대교는 가족, 친구, 공동체와의 관계가 인간 삶의 중요한 기반이라고 가르칩니다.

가족은 사랑과 돌봄을 배우는 최초의 관계입니다. 친구는 도덕적, 영적 성숙을 돕는 동반자이며, 공동체는 상호 지원과 연대를 통해 개인이 하나님과 세상에서 자신의 역할을 수행할 수 있도록 돕는 환경입니다.

탈무드에서는 인간관계의 중요성을 긍정적인 면으로 설명합니다. 미쉬나 아보트 1:6절은 "스스로를 위한 친구를 만들라"고 하였는데, 이 가르침은 친구가 단순한 사교적 관계를 넘어, 도덕적 성숙과 영적 성장의 동반자임을 강조합니다.

긍정적인 인간관계는 다음과 같은 가치를 제공한다고 탈무드는 가르칩니다.

"친구는 어려움 속에서 도움과 위로를 제공하며, 신앙과 삶의 여정을 함께합니다. 친구는 서로에게 도덕적 성숙과 책임을 요구하며, 선한 삶으로 이끌어줍니다."

또한 탈무드는 인간관계의 부정적인 경계를 가르칩니다. 미쉬나 아보트 1:7절은 "악한 친구를 멀리하라"고 가르칩니다. 탈무드는 인간관계에서 부정적인 영향을 끼칠 수 있는 친구나 환경을 피해야 한다고 가르칩니다. 잘못된 관계는 도덕적 판단력을 흐리게 하고, 하나님과의 관계를 약화시킬 위험이 있습니다.

인간관계는 단순히 감정적 만족을 위한 것이 아니라, 도덕적, 영적 성숙을 돕는 역할을 해야 합니다. 탈무드는 관계를 통해 서로가 하나님의 계명과 가르침을 실천하도록 격려해야 한다고 가르칩니다.

건강한 인간관계를 위한 유대교의 지침은 상호 존중입니다. 유대교는 모든 인간이 하나님의 형상(창 1:27)대로 창조되었음을 인정하며, 인간관계에서 상호 존중이 필수적이라고 강조합니다. 상대방의 가치를 인정하고 존중하는 것이 건강한 관계의 기초입니다.

탈무드 샤바트 31a는 "네가 당하기 싫은 것을 네 이웃에게 행하지 말라"고 가르치는데 이는 관계에서 서로의 입장을 이해하고 배려하며, 이타적으로 행동해야 한다는 가르침입니다. 유대교는 인간관계를 유지하는 데는 책임과 헌신이 필요하다고 봅니다. 관계는 단순히 받는 것이 아니라, 서로를 위해 노력하고, 필요할 때 헌신하는 데서 깊어집니다.

현대 사회에서도 가족, 친구, 직장, 신앙 공동체는 인간의 정서적 안정과 도덕적 성숙을 위한 중요한 역할을 합니다. 건강한 공동체는 서로를 지지하고 성장시킬 수 있는 환경을 제공합니다.

부정적인 영향을 미칠 수 있는 관계를 조심해야 한다는 탈무드의 가르침은 현대에서도 중요한 교훈을 제공합니다. 예를 들면 도덕적 기준을 무너뜨리거나 정서적으로 해를 끼치는 관계는 멀리해야 합니다.

유대교의 가르침은 인간관계가 신앙의 연장선임을 보여줍니다. 개인의 신앙은 공동체와의 관계에서 구체적으로 드러나며, 서로를 도덕적이고 영적으로 성장시키는 관계가 되어야 합니다.

유대교와 탈무드는 인간이 사회적 존재로 창조되었음을 강조하며, 가족, 친구, 공동체와의 관계를 통해 도덕적, 영적 성숙을 이룰 수 있다고 가르칩니다.

인간은 서로를 격려하며, 선한 삶으로 이끌 수 있는 관계를 형성해야 합니다. 잘못된 인간관계는 도덕적 판단을 흐리게 하고, 신앙과 삶의 질을 저하시킬 수 있으므로 조심해야 합니다.

현대 사회에서도 유대교의 이러한 가르침은 인간관계의 중요성과 건강한 관계를 유지하기 위한 원칙을 제시하며, 개인과 공동체 모두의 성숙과 발전을 위한 기반을 제공합니다.

영성과 하나님과의 관계

유대교와 탈무드는 인간이 하나님과 영적인 관계를 맺을 수 있는 특별한 존재로 창조되었다고 가르칩니다. 이러한 관계는 토라(율법), 기도, 예배를 통해 깊어질 수 있으며, 이 모든 것은 인간이 하나님께 가까이 나아가고 영적 성숙을 이루는 수단으로 작용합니다. 아래에서는 이를 구체적으로 설명합니다.

창세기 1:27절은 "하나님의 형상대로 사람을 창조하시되 남자와 여자를 창조하시고"라 말씀합니다. 인간은 하나님의 형상을 반영하는 존재로, 이는 인간이 하나님과 개인적이고 영적인 관계를 맺을 수 있음을 의미합니다. 하나님의 형상은 인간이 도덕적, 영적 선택을 통해 하나님을 닮아가도록 창조되었음을 나타냅니다.

유대교는 인간이 단순히 세속적 삶을 사는 것이 아니라, 하나님의 뜻을 실현하고 그분과 영적 연합을 이루는 것을 최종 목표로 삼아야 한다고 가르칩니다. 탈무드는 이러한 목표를 달성하기 위해 하나님께 가까이 나아가는 실천적 방법들을 제시합니다.

또한 토라(율법)를 통한 하나님과의 관계를 강조합니다. '토라'는 단순한 법률이나 가르침이 아니라, 하나님과 인간 사이의 영적 다리로 간주됩니다. 그리고 탈무드는 토라 공부를 통해 인간이 하나님의 뜻을 배우고, 그 뜻을 삶에 적용함으로써 하나님과의 관계를 깊게 할 수 있다고 가르칩니다.

탈무드 버라호트 5a는 "토라를 배우는 것은 하나님과 대화하는 것과 같다"고 합니다. 토라 공부는 단순히 지식을 쌓는 것이 아니라, 하나님과의 대화에 참여하는 행위로 여겨집니다. 이를 통해 인간은 하나님의 성품을 이해하고, 그분의 뜻에 순종하며, 하나님께 가까이 나아갈 수 있습니다. 그래서 토라 공부는 구체적 실천이 중요하다고 가르칩니다.

유대교는 매일 토라를 배우고 묵상하는 것을 권장합니다. 즉 하루 중 시간을 정해 특정 구절을 읽고, 이를 삶에 적용하는 방법을 성찰합니다. 또한 회당이나 공부 모임에서 토라를 함께 배우며, 지혜를 나누고 도덕적 성장을 도모합니다.

'기도'(תְּפִלָּה, 테필라)는 하나님과의 교제를 가르칩니다. 기도는 인간이 하나님과 대화하는 가장 개인적이고 직접적인 수단입니다. 탈무드 버라호트 26b는 "기도는 하나님께서 인간에게 주신 세 가지 중요한 선물 중 하나이다"라고 가르칩니다. 기도는 인간이 자신의 마음을 하나님께 열고, 그분의 임재를 경험하며, 영적 위로와 지혜를 받는 시간입니다.

유대교에서 기도는 정해진 시간과 형식을 따르며, 이는 인간이 규칙적이고 의도적으로 하나님과의 관계를 유지할 수 있도록 돕습니다. 몇가지를 소개해 드리겠습니다.

'쉐마 기도'(שְׁמַע)는 하나님의 유일성을 선언하며, 그분을 사랑하고 순종할 것을 다짐하는 기도입니다.

'아미다 기도'(עֲמִידָה)는 개인적 소망과 찬양, 감사가 포함된 유대교의 중심 기도이며, 건강, 가족, 영적 성장을 위한 간구입니다.

'감사 기도'는 하나님께 받은 축복에 대해 감사를 표하며, 그분의 선하심을 인정하는 기도입니다.

이러한 기도 또한 토라 공부와 마찬가지로 구체적으로 실천하는 것이 중요합니다.

'규칙적인 기도 시간'은 매일 아침, 오후, 저녁 기도를 통해 하나님과의 교제를 지속합니다.

'자발적 기도'는 정해진 형식 외에도 개인적인 기도를 통해 삶의 모든 순간에 하나님께 의지합니다.

'예배'(עֲבוֹדָה, 아보다)는 헌신과 순종을 강조합니다. 유대교에서 예배는 단순한 의식이 아니라, 인간이 하나님께 자신을 헌신하고, 그분의 뜻에 순종하는 행위입니다. 예배는 하나님과의 관계를 새롭게 하고, 영적 충만함을 경험하는 시간으로 여겨집니다.

회당에서의 공동체가 드리는 예배는 하나님과의 관계뿐만 아니라, 공동체 내에서의 연대를 강화하는 역할을 합니다. 예를 들어 샤바트(안식일) 예배는 가족과 공동체가 함께 모여 하나님의 임재를 경험하고 찬양하는 시간입니다.

예배 또한 구체적 실천으로 이어지지 않으면 무용지물이고 시간 낭비입니다. 매주 안식일을 거룩히 지키며, 예배를 통해 하나님께 감사와 찬양을 드리고, 유대교의 절기(예: 유월절, 초막절)를 통해 하나님의 역사를 기념하고, 현재의 삶에서 그분의 은혜를 되새깁니다.

탈무드는 인간의 영적 성장을 위해 자신의 내면을 돌아보며, 하나님 앞에서 자신의 상태를 점검해야 한다고 가르칩니다. 하루의 끝에 자신의 말과 행동을 성찰하며, 잘못된 점은 회개하고, 선한 행동은 감사하며 기록합니다. 유대교는 도덕적 행동과 자선이 하나님과의 관계를 강화하는 중요한 방법이라고 봅니다. 예를 들면 가난한 자를 돕고, 사회적 약자를 보호하며, 이웃을 사랑하는 삶을 실천합니다.

또한 미쉬나 아보트 1:6절에 "스스로를 위한 스승을 두라고"하였는데 영적 멘토를 통해 하나님의 말씀을 배우고, 영적 성장을 이끄는 지혜를 얻습니다. 공동체 안에서 멘토와 제자 관계를 맺으며, 하나님께 가까워지는 길을 함께 걸어갑니다.

유대교와 탈무드는 인간이 하나님과 영적 관계를 맺는 존재로 창조되었으며, 이를 실천하는 구체적 방법으로 '토라 학습, 기도, 예배'를 제시합니다.

'토라 공부'를 통하여 하나님의 뜻을 배우고 삶에 적용하여, 그분과의 관계를 강화합니다.

'기도'를 통하여 하나님과의 개인적 교제를 통한 영적 위로와 지혜를 얻습니다.

'예배'를 통하여 공동체와 함께 하나님의 은혜를 찬양하고, 그분께 헌신을 다짐합니다.

이 가르침은 현대의 신앙 생활에서도 인간이 어떻게 하나님과의 관계를 유지하고 깊게 할 수 있는지를 구체적으로 보여줍니다. 이러한 실천은 영적 성숙과 삶의 의미를 발견하는 데 필수적입니다.

고난과 성장

유대교와 탈무드는 고난을 단순한 불행이 아니라, 성장과 영적 성숙을 위한 하나님의 도구로 해석합니다. 고난은 인간이 더 큰 지혜와 인내를 얻고, 하나님과의 관계를 심화시키는 중요한 경험으로 여겨집니다. 이 가르침은 고난을 극복하고 성장으로 전환하는 구체적 방법을 제시하며, 이를 통해 인간은 영혼의 정화와 도덕적 성숙을 이룰 수 있습니다.

고난의 본질은 정화와 성숙입니다. 탈무드 버라호트 5a는 "고난은 영혼을 정화한다"고 하는데 이 구절은 고난이 인간의 삶에서 영혼을 정화하고, 도덕적 성숙과 영적 성장의 기회가 될 수 있음을 가르칩니다. 고난은 인간의 자만심을 낮추고, 자신을 돌아보며 더 나은 사람이 되도록 이끕니다.

유대교에서는 고난의 목적을 하나님의 징벌이라기보다는, 인간이 영적으로 깨어나고 도덕적으로 성숙하도록 돕는 시험 또는 교훈으로 이해됩니다. 신명기 8:2절에 "네 하나님 여호와께서 이 사십 년 동안 광야에서 너를 시험하신 것을 기억하라"는 말씀은 고난이 하나님의 훈련과 성숙을 위한 도구임을 나타냅니다.

유대교의 고난에 대한 관점은 두 가지 역할이 있다고 가르칩니다. 첫째, 고난은 인간이 자신의 잘못과 연약함을 깨닫고, 더 나은 선택을 하도록 도와줍니다. 둘째, 고난은 인간의 도덕적, 영적 능력을 시험하며, 인내와 신앙을 강화하는 역할을 합니다. 이러한 고난을 통해 배우는 교훈은 무엇입니까?

미드라쉬는 "하나님은 시험을 통해 사랑하는 자를 다듬으신다"고 말합니다. 고난은 하나님이 인간에게 관심을 두고 있으며, 인간이 더 큰 목표를 이루도록 준비시키는 과정으로 여겨집니다. 이는 다윗과 같은 성경 인물의 삶에서 반복적으로 나타납니다. 다윗은 고난 속에서도 하나님을 의지하며, 영적 성숙과 지도력을 키웠습니다.

탈무드는 고난을 맹목적으로 수용하지 말라고 가르칩니다. 탈무드는 고난을 단순히 수동적으로 받아들이는 것을 넘어, 이를 통해 자신의 삶을 돌아보고 하나님께 나아가는 계기로 삼으라고 가르칩니다.

랍비 아키바는 "고난은 질문을 던지는 기회이다"라고 가르쳤습니다. 고난 속에서 자신이 잘못된 길을 걷고 있는지, 더 나은 방향으로 나아가기 위해 무엇을 할 수 있는지를 성찰해야 합니다.

고난 속에서 하나님을 찾아야 합니다. 시편 34편 18절은 "여호와는 마음이 상한 자에게 가까이 계시며, 중심이 찢긴 자를 구원하신다"고 말합니다. 고난은 하나님께 가까이 나아가는 시간으로, 인간이 자신의 연약함을 인정하고 하나님을 의지하도록 만듭니다. 그러므로 고난 중에는 정기적으로 하나님께 기도하며, 하나님의 뜻을 묵상하는 시간을 가지는 것이 중요합니다.

또한 고난을 성찰의 기회로 삼아야 합니다. 탈무드는 고난 속에서 자신을 돌아보고, 삶의 방향을 점검하라고 가르칩니다. 하루 동안의 행동과 말을 돌아보며, 하나님께서 고난을 통해 무엇을 가르치고자 하시는지 깨닫습니다. 그래서 자신의 잘못을 인정하고, 이를 통해 도덕적 회복과 영적 갱신을 이루어야 합니다.

고난은 인간이 선한 선택과 도덕적 행동을 통해 더 강한 신앙을 형성하도록 돕습니다. 예를 들어 고난 속에서도 자비를 베풀거나, 어려운 상황에서도 정직과 신뢰를 유지하는 선택을 하도록 도와줍니다.

고난을 통하여 인내를 키웁니다. 탈무드는 "인내는 고난 속에서 자란다"라고 가르칩니다. 고난은 인간이 순간의 어려움을 참으며, 더 나은 결과를 기다릴 수 있는 능력을 길러줍니다. 예를 들어 유대 역사를 통해, 이스라엘 백성은 고난 속에서도 하나님께 대한 신뢰를 잃지 않고 인내를 배웠습니다.

고난을 겪은 후에는 작은 축복에도 감사하는 마음을 가지게 됩니다. 예를 들어 건강을 잃은 후 회복된 사람이 자신의 삶을 더 소중히 여기고, 감사의 마음으로 살아가는 사례를 많이 볼 수 있습니다.

고난은 하나님과의 관계를 깊게 합니다. 고난 속에서 인간은 더 진실하고 겸손한 마음으로 하나님께 나아갑니다. 고난을 통해 경험한 하나님의 위로와 도우심은 인간의 신앙을 더욱 강하게 만듭니다.

현대 사회에서도 고난을 성찰과 성장의 기회로 삼아야 합니다. 예들 들어 직장에서의 어려움은 새로운 기술을 배우거나, 더 나은 경로를 모색하는 계기가 될 수 있습니다. 또한 질병이나 상실의 경험은 인간이 자신의 한계를 인정하고, 더 깊은 영적 연합을 추구하도록 이끕니다.

유대교는 고난 속에서도 혼자가 아니라 공동체와 함께 어려움을 극복해야 한다고 가르칩니다. 예를들어 회당이나 신앙 공동체에서 지지와 위로를 받으며, 고난을 나눔으로써 더 큰 힘을 얻습니다.

개인의 고난은 타인의 어려움을 이해하고, 돕는 기회로 전환할 수 있습니다. 예를 들면 자신의 경험을 통해 같은 고난을 겪는 사람을 돕는 일에 참여합니다.

탈무드는 고난을 영혼의 정화와 성장을 위한 도구로 해석하며, 이를 통해 인간이 도덕적, 영적 성숙을 이룰 수 있다고 가르칩니다.

고난은 영적 성찰과 회복의 기회를 만들어 줍니다. 고난을 맹목적으로 수용하지 않고, 이를 통해 자신의 삶을 돌아보고 하나님께 더 가까이 나아가야 합니다. 고난은 인내와 신앙을 강화시켜 줍니다.

고난을 극복하는 과정에서 인간은 더 깊은 인내와 강한 신앙을 형성합니다. 나아가 고난은 더 나은 삶으로 전환시켜줍니다. 고난 속에서 배운 교훈은 더 나은 도덕적 선택과 선행으로 이어집니다. 이 가르침은 현대의 고난 속에서도 의미를 찾고, 성장을 이루며, 이를 통해 하나님과 더욱 깊은 관계를 맺는 지침이 됩니다.

죽음과 영원성

탈무드와 유대교의 전통은 인간의 죽음을 단순한 삶의 끝이 아니라, 영원성을 향한 전환점으로 이해합니다. 인간은 유한한 육체적 존재로 창조되었지만, 자신의 선한 행위와 학문적 노력으로 영원한 가치를 창출할 수 있습니다. 이러한 가르침은 삶의 의미와 죽음의 본질에 대한 심오한 통찰을 제공하며, 죽음 이후에도 인간의 행위가 영속성을 가진다는 점을 강조합니다.

죽음의 본질은 유한성과 영원성의 조화입니다. 창세기 3:19절에 "너는 흙이니 흙으로 돌아갈 것이니라"라고 한 말씀을 유대교는 인간의 육체적 삶이 제한적이며, 죽음이 인간 존재의 필연적 부분임을 가르치는 말씀으로 받아들입니다. 육체는 흙으로 돌아가지만, 영혼은 하나님께로 돌아간다고 믿습니다. 그래서 전도서 12:7절은 "흙은 여전히 땅으로 돌아가고, 영은 그것을 주신 하나님께로 돌아가리라"고 말씀합니다.

육체의 유한성을 초월하여, 인간은 선한 행위와 학문적 업적을 통해 영원한 가치를 창출할 수 있습니다. 탈무드는 "한 생명을 구하는 것은 온 세상을 구하는 것과 같다"고 하는데 이는 한 사람의 행위가 다른 사람과 세상에 지속적인 영향을 미칠 수 있음을 강조합니다.

탈무드 산헤드린 90a에 "사람은 죽고 난 뒤에도 그의 행위로 기억된다"고 하였는데 선한 행위는 단순히 일시적인 결과를 남기는 것이 아니라, 세대와 공동체에 지속적으로 영향을 미칩니다. 인간의 삶은 행위로써 영원성을 가지며, 이는 죽음 이후에도 다른 사람들에게 영향을 미치는 방식으로 나타납니다.

선한 행위는 단순히 물리적 삶의 연장이 아니라, 영적 유산으로 남아 후손과 공동체에 영향을 미칩니다. 예를 들면 자선 활동, 교육, 공동체에 대한 봉사는 후손에게 긍정적 가치를 전수합니다.

이처럼 유대교는 인간이 자신의 삶을 넘어선 더 큰 목적을 위해 살아야 한다고 가르칩니다. 예를 들면 어려운 사람을 돕고, 사회적 정의를 실현하며, 공동체의 발전에 기여하는 일은 영원한 가치를 만듭니다.

유대교에서 토라 학습은 인간이 하나님과의 영적 관계를 강화하고, 영원한 가치를 창출하는 가장 중요한 행위로 간주됩니다. 탈무드는 "토라를 배우는 자는 죽은 후에도 그의 지혜로 다른 사람을 가르친다"고 합니다. 이는 학문적 노력이 단순히 개인의 지식을 넘어서, 공동체와 후손에게 영향을 미친다는 것을 뜻합니다.

토라 학습은 한 세대에서 다음 세대로 전수 되며, 이를 통해 학문과 지혜는 영속성을 가집니다. 예를 들어 부모가 자녀에게 토라를 가르치는 행위는 지식과 신앙을 이어가는 중요한 방식으로 여겨집니다.

유대교는 인간이 단순히 현재의 삶을 위해 살지 않고, 자신의 행위와 학문을 통해 미래 세대에 긍정적인 영향을 남겨야 한다고 가르칩니다. 이는 삶의 모든 선택과 행동이 단순히 현재에 그치지 않고, 영원한 가치를 창출할 기회임을 의미합니다.

'카디쉬 기도'의 한 단락을 보면 "죽은 자를 기리며 하나님의 이름을 영화롭게 하는 기도"라는 가르침이 있는데 이는 죽은 자의 행위와 신앙을 기억하고, 그 영혼이 하나님과 함께 있음을 기원합니다. 죽은 자를 기리는 가장 좋은 방법은 그들의 삶을 본받아 선행을 실천하는 것입니다.

'자선 활동'과 자손 교육은 인간이 죽음 이후에도 긍정적 유산을 남기는 중요한 방법으로 강조됩니다. 예를 들면 회당 설립, 학교 설립, 자녀를 위한 신앙 교육의 장을 만들어 주는 것입니다.

현대 사회에서도 유한한 삶의 본질을 인정하며, 하루하루를 의미 있게 살아가는 것이 중요합니다. 예를 들면 직업, 가족, 봉사활동을 통해 세상에 긍정적인 영향을 미치도록 노력합니다. 선한 행위와 학문적 업적을 통해 자신의 삶을 영원히 기억되게 하는 방법을 모색합니다.

자신의 삶을 후손과 공동체에 바치는 것은 유대교적 영원성의 가르침을 실천하는 현대적 방법입니다. 예를 들어 가족에게 윤리적 가치와 신앙을 전수하거나, 공동체를 위해 봉사하는 활동 등을 이어가는 것입니다.

탈무드와 유대교는 죽음 이후에도 인간의 삶이 영원성을 가질 수 있다고 가르칩니다. 인간은 선한 행위를 통해 공동체와 후손에게 긍정적이고 영원한 영향을 남길 수 있으며, 토라 학습과 교육을 통해 지혜와 가치를 다음 세대에 전수할 수 있습니다.

인간은 자신의 삶을 현재의 만족에 그치지 않고, 더 큰 영원한 목적을 위해 살아야 합니다. 이 가르침은 현대에서도 삶을 더욱 의미 있고 가치 있게 만드는 중요한 통찰을 제공합니다. 우리는 유한한 삶 속에서 영원한 가치를 창출하고, 이를 통해 세상과 다음 세대에 선한 영향을 미칠 수 있습니다.

탈무드는 인간을 단순히 육체적 존재로 보지 않고, 영적, 도덕적, 사회적, 지적 책임을 가진 존재로 이해합니다. 이 가르침은 인간의 삶이 공동체, 하나님, 그리고 자기 자신과의 관계 속에서 온전히 완성된다고 강조하며, 토라와 미쯔바(계명)를 통해 그 길을 제시합니다.

탈무드 약어표

1. 저라임

1) 버라호트(Berachoth)- Ber.

2) 페이아(Peah)-Pea.

3) 데마이(Demmai)-Dem.

4) 킬아임(Kilayim)-Kil.

5) 셔비이트(Shebiith)-Sheb

6) 터루모트(Terumoth)-Ter.

7) 마아쓰로트(Maaseroth)-Mass.

8) 마아쎄이르 쉐이니(Maaser Sheni)-M.Sh.

9) 할라(Challah)-Hall.

10) 오를라(Orlah)-Orl.

11) 비쿠림(Bikkurim)-Bikk.

2. 모에이드

1) 샤바트(Shabbath)-Shab.

2) 에이루빈(Erubin)-Erub.

3) 퍼싸힘(Pesachim)-Pes.

4) 셔칼림(Shekalim)-Shek.

5) 요마(Yoma)-Yom.

6) 쑤카(Sukkah)-Sukk.

7) 베이짜(BetZah)-Betz.

탈무드 약어표

8) 로쉬 하샤나(Rosh Hashanah)—R.Sh.

9) 타아니트(Taanith)—Taan.

10) 머길라(Megillah)—Meg.

11) 모에이드 카탄(Moed Katan)—M.Qat.

12) 하기가(Chagigah)—Hag.

3. 나쉼

1) 여바모트(Yebamoth)—Yeb.

2) 커투보트(Ketubot)—Ket.

3) 너다림(Nedarim)—Ned.

4) 나지르(Nazir)—Naz.

5) 쏘타(Sotah)—Sot.

6) 기틴(Gittin)—Git.

7) 키두쉰(Kiddushin)—Kidd.

4. 너지킨

1) 바바 카마(Baba Kamma)—B.K.

2) 바바 머찌아(Baba Metzia)—B.M.

3) 바바 바트라(Baba Batra)—B.B.

4) 산헤드린(Sanhedrin)—Sanh.

5) 마코트(Makkot)—Makk.

탈무드 약어표

6) 셔부오트(Shebuot)−Sheb

7) 에이두요트(Eduyyot)−Eduy.

8) 아보다 자라(Aboda Zara)−A.Z.

9) 아보트(Abot)−Abo.

10) 호라이요트(Horayath)−Hor.

5. 코다쉼

1) 저바힘(Zebachim)−Zeb.

2) 머나호트(Menachoth)−Men.

3) 훌린(Chullin)−Hull.

4) 버호로트(Bechoroth)−Bekh.

5) 아라힌(Arachin)−Arak.

6) 터무라(Temurah)−Tem.

7) 커리도트(Keritoth)−Ker.

8) 머일라(Meilah)−Meil.

9) 타미드(Tamid)−Tam.

10) 미도트(Middoth)−Midd.

11) 키님(Kinnim)−Kin.

탈무드 약어표

6. 토호로트

1) 케일림(Kelim)-Kel.

2) 오홀로트(Ohaloth)-Oho.

3) 너가임(Negaim)-Neg.

4) 파라(Parah)-Par.

5) 토호로트(Teharoth)-Toh.

6) 미크바오트(Mikvaoth)-Mik.

7) 니다(Niddah)-Nidd.

8) 마흐쉬린(Machshirin)-Maksh.

9) 자빔(Zabim)-Zab.

10) 터불 욤(Tebul Yom)-Teb.Y.

11) 야다임(Yadayim)-Yad.

12) 우커찐(Uktzin)-Uktz.